나의 시간 속에서 살아가다

나의 시간 속에서 살아가다
시시詩視한 삶을 위한 명저 산책

초 판 1쇄 2024년 02월 16일

지은이 고석근
펴낸이 류종렬

펴낸곳 미다스북스
본부장 임종익
편집장 이다경
책임진행 김가영, 윤가희, 이예나, 안채원, 김요섭, 임인영

등록 2001년 3월 21일 제2001-000040호
주소 서울시 마포구 양화로 133 서교타워 711호
전화 02) 322-7802~3
팩스 02) 6007-1845
블로그 http://blog.naver.com/midasbooks
전자주소 midasbooks@hanmail.net
페이스북 https://www.facebook.com/midasbooks425
인스타그램 https://www.instagram/midasbooks

ⓒ 고석근, 미다스북스 2024, *Printed in Korea.*

ISBN 979-11-6910-504-0 03100

값 16,800원

나의 시간 속에서 살아가다

시시詩視한 삶을 위한 명저 산책

고석근 지음

미다스북스

여는
글

신이 죽은 시대,

'인생의 지도'가 사라졌다.

우리는 이제

스스로 길을 찾아가야 하는

시대를 살아가고 있다.

눈앞에 훤히 보이는 길은,

자신이 가야 할 길이 아니라고 한다.

『나의 시간 속에서 살아가다

– 시시詩視한 삶을 위한 명저 산책』이

길을 찾아가는 모든 분에게

자그마한 등불이 되기를 소망한다.

2024년 봄이 오는 길목에서

고석근

차 례

1장

나의 욕망은
타자의 욕망이다

자신이 욕망하는 것이

정말로 자신이 원하는 것인지,

나의 욕망이 진실로 내 것인지 알기 위해서는

주체가 다시 태어날 수 있어야 한다.

- 자크 라캉

타인의 욕망을 욕망하는 이유

"한국 사회는 다른 국가와 달리 유독 타인의 욕망이 개인의 삶을 지배한다. (…) 이를테면 '남부럽지 않은 삶을 살고 싶다.' 혹은 '남보다 뒤처지지 않은 삶을 살아야 돼.'라는 말을 한국인이라면 누구나 들어보았을 것이다. 이 말을 곱씹어 보면, 기본적으로 내 삶의 주체는 나에게 있는 것이 아니라 타인에게 있다는 것을 알 수 있다."

- 이현정, 『우리는 왜 타인의 욕망을 욕망하는가』에서

27년 동안 성인 대상의 강의를 하며 많은 것을 느꼈다. 그중에서 가장 안타까운 것은 회원들의 실력이 쉽게 늘지 않는다는 것이다.

다들 시험 보는 훈련을 오랫동안 해 왔기에, '삶을 위한 공부'는 그분들에게 참으로 이질적으로 느껴지는 듯했다.

공부를 잘했던 분들은 시험 보는 기계가 된 '뇌 구조' 때문에 생생한 삶을 위한 공부가 힘든 것 같았다.

그럼 공부를 못했던 분들은, 잘해야 하지 않겠는가? 하얀 백지에는 어떤 그림도 그릴 수 있을 테니까.

하지만 그렇지 않았다. 그분들은 학벌에 대한 열등의식으로 인문학을 지식으로 받아들이려 했다.

결국, 가장 큰 공부의 방해물은 그분들의 사고를 지배하고 있는 '타자의 욕망'이었다.

여봐란듯이 사는 것! 대한민국 공부의 목적이다. 이 사고가 부모님, 학교 교사, 사회문화에 의해 우리의 무의식 깊이 내면화되었다.

나는 '인간의 길'을 찾아가는 인문학이 참으로 쉽다는 생각을 한다. 각자 나름대로 최선을 다해 살아왔기 때문이다.

살아오면서 깨달은 엄청난 지혜들이 무의식 깊은 곳에 축적되어 있을 것이기 때문이다.

하지만, 회원들은 자신의 무의식 속에 있는 자신들의 진짜 욕망을 드러내려 하지 않았다.

그래서 인문학 공부의 지름길은 '뒤풀이'에 있다는 생각을 한다. 술을 마시고 마구 떠들다 보면, 자신의 속마음을 적나라하게 털어 놓게 된다.

우리의 본성(本性)에는 '인의예지(仁義禮智), 진선미(眞善美)'가 있어, 적나라하게 드러난 우리의 마음을 정확하게 분석해 준다.

우리의 문제가 무엇인지 어떻게 극복해야 할지를 정확하게 보여 준다. 우리는 직감적으로 자신이 가야 할 길을 알게 된다.

맨정신으로 인문학을 공부하게 되면, 계속 지식만 쌓이게 된다. 공부가 오히려 삶을 방해하게 된다.

나는 정신분석학의 창시자 지그문트 프로이트를 흉내 내어 다음과 같이 말하고 싶다.

"인문학 공부는 너무나 쉽다. 그냥 자신의 깊은 마음속에 있는 것을 다 드러내기만 하면 된다!"

> 그들은
> 내 입안에서 만난다
> 침으로 뒤범벅되어
>
> - 이순현, 「사과와 사과라는 말과」에서

사과와 사과라는 말이 입안에서 침으로 뒤범벅되어 만나듯이, 우리가 사용하는 모든 언어(생각)는 우리의 몸에서 피와 땀과 뒤범벅되어 만난다.

그런데 우리는 착각한다. 그 언어들이 우리의 머릿속에서만 맴돌고 있다고.

그래서 우리의 공부는 우리의 몸과 따로 논다. 공부는 저 혼자 허공을 떠돌고, 우리의 몸은 살덩이가 되어 지상을 헤매고 있다.

끌어당김의 법칙

"당신 삶 속의 모든 것과 주위 사람들 삶 속의 모든 것은 전부 '끌어당김의 법칙'의 영향을 받고 있습니다. 이 법칙은 당신의 체험 속으로 오게 되는 모든 것들의 토대이기도 합니다."

- 에스더 & 제리 힉스, 『유인력 끌어당김의 법칙』에서

우리는 기분이 나쁠 때는 나쁜 것과 만나고, 기분이 좋을 때는 좋은 것을 만나는 경험을 한 적이 있을 것이다.

나는 최근에 ㅂ 독립서점과 ㄱ 사회단체에서 강의한 후 특이한 경

험을 했다. ㅂ 독립서점에서의 청소년 대상 강의는 참으로 좋았다.

자전거를 타고 집으로 돌아오는 길은 꿈을 꾸는 듯했다. 내가 만나는 사람들과 사물들이 나와 함께 웃는 듯했다.

그러다 육교에서 자전거를 끌고 내려오는 중, 핸들에 건 선물로 받은 종이 가방이 계단에 떨어졌다.

뒤에 따라오던 한 아주머니가 종이 가방을 주워서 내게 가져다 주었다. 나의 가슴은 벅차올랐다.

사람의 마음이 하나로 어우러지면, 삼라만상의 모든 경계가 사라진다. 이 세상은 커다란 하나의 춤이 된다.

ㄱ 사회단체에서는 강의가 제대로 되지 않았다. 자전거를 타고 집으로 돌아오는 내내 이 세상이 다 얼어붙은 것 같았다.

그러다 횡단보도 앞에서 다른 사람과 언짢은 시선을 주고받았다. 누가 봐도 상대방이 잘못했다.

하지만 그런 상황도 크게 보면 내가 만들어 낸 것이다. 나의 나쁜 에너지장이 그런 상황의 에너지장과 접속한 것이다.

너는 너 자신의 불행 때문에 운 것이 아닐까. 너는 너 자신의 불행을 내게서 보았을 뿐인 것이다.

- 이반 투르게네프, 「너는 울었다」에서

일체유심조(一切唯心造), 모든 것은 오직 마음이 지어낸다는 뜻이다. 나의 마음에 없는 것은 밖으로 나타나지 않는다.

나와 이 세상은 하나로 어우러져 있다.

인간은 누구나 천지자연의 신, 주인이다.

사랑을 함께 일깨우는 일

"나는 이제 용서와 사랑을 통해 증오에서 자유로워집니다. 피할 수
없는 고통은 내가 영광을 향해 나아가게 하기 위한 것임을 이해합
니다."

- 파울로 코엘료, 『알레프』에서

주영 감독의 영화 〈열여덟, 어른이 되는 나이〉를 보았다. 보육
원에서 자란 청년 양수찬은 킥보드를 타고 배달 일을 한다.

그러던 어느 날, 양수찬은 킥보드를 잃어버린다. 시청 정기간행

물의 인터뷰어인 한윤서와 함께 범인을 잡는다.

범인은 여고생쯤으로 보이는 소녀, 중고 거래 사기범이다. 윤서는 소녀를 경찰서로 데려가려 한다.

하지만 수찬은 용서해 주자며 윤서에게 말한다.

"한 번쯤은 자기를 믿어 주는 사람이 있으면 좋잖아요."

보육원에서 자란 수찬은 많은 사람으로부터 마음의 상처를 받았을 것이다. 하지만 동시에 다른 사람의 마음에 공감하는 힘도 함께 커졌을 것이다.

용서(容恕)는 '같은(如) 마음(心)을 받아들이는(容) 것'이다. 수찬은 남에게 사기를 치며 살아갈 수밖에 없는 소녀의 마음이 가슴 아프게 와 닿았을 것이다.

그 소녀를 경찰서에 데려가 벌을 받게 하는 것이 그 소녀를 위하는 것이 될 수도 있다.

하지만 수찬처럼 '한 번쯤은 자기를 믿어 주는 사람'을 만나는 것도 아주 중요할 것이다. 인간의 깊은 마음속에는 다른 사람에게 공감하는 마음이 있기 때문이다.

어른이 된다는 것은, 자신 안의 증오심을 극복하고 다른 사람들과 더불어 살아가는 마음의 힘을 갖게 되는 것일 것이다.

과일들은 꽃이라는 상처가 켜 놓은 것이다
상처가 없는 사람의 얼굴은 꺼져 있다
상처는 영혼을 켜는 발전소다

- 최종천, 「상처를 위하여」에서

마음과 육체를 할퀴고 간 상처들은 영혼을 깨어나게 한다. 그 상처들로 다른 사람을 증오할 수도 있지만, 증오가 큰 만큼 사랑도 커지게 된다.

우리가 할 일은 그 사랑을 함께 일깨우는 것이다.

뒷모습, 인간 본래의 삶

"뒷모습은 정직하다. (…) 마음과 의지에 따라 꾸미거나 속이거나

감추지 않는다. 뒷모습은 나타내 보이려는 의도의 세계가 아니라

그저 그렇게 존재하는 세계다."

- 미셸 투르니에, 『뒷모습』에서

오래전의 유머 한 토막, 최불암(탤런트)이 골목길을 걷고 있었

다. 다가오던 한 젊은이와 눈이 마주쳤다.

젊은이가 말했다. "너 갈구냐?" 최불암이 눈을 내리깐 채 뒤통

수를 긁적거리며 혼잣말을 했다.

"갈구가 누구지?"

최불암은 나 같은 베이비붐 세대에게는 우상 같은 존재였다. 배경 음악과 함께 TV 화면에 등장한 수사반장, 최불암은 우리의 가슴을 마구 뛰게 했다.

그런 그가 이제 골목길에서 마주친 젊은이의 눈빛을 피해야 하는 상황이 된 것이다.

젊은이가 최불암의 눈을 흘겨보며 "너 갈구냐?" 하고 소리쳤었을 때, 최불암은 어떻게 해야 하는가?

그가 할 수 있는 유일한 대처법은 긍정도 부정도 아닌, 바보처럼 행동하는 길밖에 없는 것이다.

무서운 신세대가 등장한 것이다. 기성세대의 꼰대 짓거리가 더는 통하지 않는 시대의 대두를 그 유머는 보여 주고 있는 것이다.

그 이후에도 시대의 변화를 읽지 못하고 꼰대 짓을 하려는 많은 기성세대는 망신을 당하게 되었다.

이제 젊은이의 시선을 기성세대는 알아서 피하게 되었다. 시선은 인간의 동물성을 적나라하게 보여 준다.

보는 자는 강자이고, 보이는 자는 약자인 것이다. 우리는 항상 다른 사람에게 '강자인 자신'을 보여 주려 한다.

그래서 우리는 사람을 만날 때마다 지친다. 일상의 삶이 쇼가 되어 버린 세상은 얼마나 힘이 드는가!

프랑스의 소설가 미셸 투르니에의 『뒷모습』은 인간의 '그저 그렇게 존재하는 세계'를 보여 준다.

인간의 뒷모습에는 억지로 만들지 않은 삶, 그대로 온전한 인간

본래의 삶이 있는 것이다.

사진과 함께 실려 있는 그의 글들은 평온하다. 그대로 존재하는
세상을 보여 주기 때문이다.

인상파 화가 폴 세잔의 정물화는 그대로 존재하는 사과들을 보
여 준다. 그는 인간의 시선이 앗아간 사과의 존재를 되찾아 왔다.

우리는 언제 서로를 무심히 바라볼 수 있을까? 흘러가는 구름을
보듯, 그렇게 선한 눈빛으로.

자세히 보아야
예쁘다.

오래 보아야
사랑스럽다.

- 나태주, 「풀꽃」에서

우리가 '풀꽃'을 보면, 풀꽃으로 보인다. 꽃이라고 부르기에는 많이 부족한.

하지만 우리가 자세히 보고, 오래 보게 되면, 풀꽃과 우리의 마음이 서로 교감하게 된다.

우리는 알 수 없는 어떤 광휘에 휩싸이게 된다. 오묘하고 신비스러운 풀꽃이 우리 앞에 놓여 있게 된다.

우리가 만나는 모든 존재가 그렇다.

광자(狂者)를 위하여

"꿈꾸는 자와 꿈꾸지 않는 자, 도대체 누가 미친 거요? 장차 이룰
수 있는 세상을 상상하는 내가 미친 거요? 아니면 세상을 있는 그
대로만 보는 사람이 미친 거요?"

- 미겔 데 세르반테스, 『돈키호테』에서

며칠 전, 공부 모임의 한 회원이 말했다.

"선생님, 선생님이 우리에게 자기 자신으로 살아가라고 하셨잖
아요. 그런데 그렇게 살다 보니까 지인들이 제가 미친년 같다고

해요.”

나는 크게 웃으며 말했다. “하하하, 아주 많이 잘하고 계시네요. '금단 현상'이 일어나고 있네요.”

술에 중독된 사람이 술을 끊거나, 담배에 중독된 사람이 담배를 끊게 되면, 몸에 여러 이상 증상이 나타나게 된다.

삶도 마찬가지다. 많은 사람이 세상을 '보이는 대로'만 보고 살아간다. 하지만 세상은 보이는 게 다가 아니다.

인문학 공부를 하게 되면, 보이지 않던 것들이 보이게 된다. 자연스레 '장차 이룰 수 있는 자신, 세상'을 꿈꾸게 된다.

하지만 이 세상은 우호적이지 않다. 이때 '깨어 있는 사람의 언행'은 미친 사람처럼 보일 수가 있다.

이상적인 기사가 되어 천하를 주유하던 돈키호테도 울부짖게 된다.

"꿈꾸는 자와 꿈꾸지 않는 자, 도대체 누가 미친 거요? 장차 이룰 수 있는 세상을 상상하는 내가 미친 거요?"

마약에 취하듯 이 세상의 온갖 쾌락에 취해 살아가는 사람들 눈에는 깨어 있는 사람들이 정상으로 보이지 않는 것이다.

그래서 고대 중국의 성인 공자는 말했다.

"군자와 함께할 수 없다면 차라리 광자(狂者)와 함께하겠다."

군자는 중용(中庸)의 길을 꿋꿋이 걸어가는 사람이다. 중용은 항상 본성(本性)을 잃지 않고 이 세상을 살아가는 삶을 말한다.

하지만 대다수 보통 사람은 본성을 잃어버리고 살아간다. 그렇게 살다가 공부를 하여 화들짝 깨어나더라도 본성을 찾기는 쉽지 않다.

그래서 본성을 찾아가는 많은 사람이 일시적으로 미친 사람 취급을 당하게 되는 것이다.

하지만 그들이 그 시련의 시간을 견디고 나면, 자신의 본성을 회복하게 된다. '미친 사람'을 겪지 않고, 올바른 삶을 살아가는 사람이 있을까?

공자는 올바르게 살아가는 척하는 사람들을 '향원(鄕員)'이라고 했다. 그들은 군자의 언행을 흉내 내는 사람들이다.

공자는 그들을 경멸했다. 그들은 군자가 될 가능성이 아예 없기 때문이다. 그들은 위선에 취해 한평생을 살아간다.

나도 얌전하게 잘 살다가 30대 중반에 돈키호테가 되어 이 세상을 쏘다녔다. 다들 미친놈이라고 했다.

하지만 그 뜨거운 용광로에서 단련된 나는 이제 나의 영혼을 되찾았다는 생각이 든다.

진짜 제정신으로 살아가는 맛! 어제 시민단체에서 활동하는 분들과 술자리를 가졌다. 희열(Bliss)의 향연이었다.

숟가락은 밥상 위에 잘 놓여 있고 발가락은 발끝에
얌전히 달려 있고 담뱃재는 재떨이 속에서 미소 짓고
기차는 기차답게 기적을 울리고 개는 이따금 개처럼
짖어 개임을 알리고 나는 요를 깔고 드러눕는다 완벽한
허위 완전 범죄 축축한 공포, 어째서 이런 일이 벌어졌을까

- 이성복, 「어째서 이런 일이 벌어졌을까」에서

시인은 모든 게 안녕한 이 세상에서 '완벽한 허위 완전 범죄 축축한 공포'를 본다.

그런데 '어째서 이런 일이 벌어졌을까'

확실한 건, 우리가 이 미친 세상에서 벗어나야 한다는 것이다.

2장

너의
희열(Bliss)을
따라가라

너의 희열(Bliss)을 따라가라.

그러면 벽이 있는 곳에서도

우주는 너를 위해

문을 만들어 줄 것이다.

- 조지프 캠벨

나를 위해 뻔뻔하게 살자

"자존감 없는 사람들은 자신이 실수했다고 느끼면 삽시간에 기분이 바닥을 치거나 자신이 초래한 궁지를 다른 사람의 잘못인 양 화를 낸다. 반면에 자존감 넘치는 사람들은 실수했어도 다시 하면 된다는 걸 알기에 기분이 상하기는커녕 의욕이 펄펄 끓는다."

- 데이비드 시버리, 『나는 뻔뻔하게 살기로 했다』에서

어릴 적 부모님이 내게 반복해서 하신 말씀이 몇 개 있다. 그중의 하나는 바로 이 말이다.

"그래, 세상 너 혼자 살아라!"

어린 내가 어떻게 했기에 부모님은 내게 그런 말씀을 자주 하셨을까? 그 뒤 나는 부모님의 '악담대로' 무소의 뿔처럼 혼자 살아왔다.

나도 모르게 '이 시대에 맞는 삶'을 살아왔다. 우리가 살아가는 이 시대는, 자신만의 개성을 갖고 살아가는 인간을 요구한다.

과거 봉건시대나 산업사회에서는 '집단'이 중요했지만, 현대의 탈산업사회에서는 '자유로운 개인'을 중시한다.

우리 사회의 많은 사람이 자유로운 개인이 되지 못하고 있다. 혼자 우뚝 서지 못하는 개인은 집단을 찾는다.

그들은 집단 속에서 자신의 정체성을 찾으려 한다. 집단 속에서 자신의 정체성을 찾게 되면, '자존감(自尊感)'이 생겨나지 않는다.

매슬로의 욕구 5단계를 보자. 1단계는 생리적 욕구, 2단계는 안전에 대한 욕구다. 이 두 단계는 많은 사람이 이미 누리고 있다.

이제 많은 사람은 3단계 애정과 소속에 대한 욕구를 원한다. 자신의 생리적 욕구가 채워지고 안전해졌으니, 다른 사람과 더불어 잘 살아가고 싶은 것이다.

그래서 여러 모임에 나간다. 그런데 그런 많은 모임을 하고 난 후, 우리는 허탈감을 느끼게 된다.

다른 사람에게 맞추다 보니, 자신의 마음은 전혀 돌보지 못했기 때문이다. '착한 사람 콤플렉스'다.

어릴 적부터 남을 배려하라는 말을 너무 많이 듣다 보니, 항상 남을 먼저 생각하게 된 것이다.

남에 대한 배려는 자연스레 나와야 한다. 자신을 사랑하며 자신의 미덕을 가꾸어 온 사람은 저절로 남을 배려하게 된다.

그런데 많은 사람이 자신은 전혀 사랑하지 않고 남부터 배려하려 한다. 그러다 보면, 다른 사람을 만나는 게 고된 노동이 된다.

그래서 우리는 뻔뻔하게 자신을 위해 살아야 한다. 남이 아닌 자신부터 먼저 배려할 줄 알아야 한다.

그래야만 진정으로 남을 사랑하는 사람이 된다. 3단계 애정과 소속에 대한 욕구가 충족된다.

3단계 욕구가 충족되면, 인간은 4단계 자기 존중의 욕구로 나아간다. 자신을 존귀하게 보게 되는 것이다.

자존감은 자존심과 다르다. 자존심은 남과 비교하여 자신을 소중하게 생각하는 것이다. 자존감은 자신을 있는 그대로 존귀하게 보는 것이다.

이 자존감이 생겨나지 않으면, 우리는 제대로 살아갈 수가 없다. 삶이 온통 지옥이 된다.

'자존감 없는 사람들은 자신이 실수했다고 느끼면 삽시간에 기분이 바닥을 치거나 자신이 초래한 궁지를 다른 사람의 잘못인 양 화를 낸다.'

4단계 자기 존중의 욕구가 충족된 사람은 드디어 5단계 자아실현의 욕구로 나아간다.

자신을 이 세상에서 하나의 멋진 예술 작품, '온전한 인간'으로 만들고 싶어지는 것이다.

이렇게 우리가 욕구의 단계를 하나하나 밟아 올라가면, 우리는 멋진 인생을 살아갈 수가 있다.

그런데 우리를 낮은 단계의 욕구에 주저앉게 만드는 게, 바로 3단계 애정과 소속에 대한 욕구다.

착한 사람, 좋은 사람이 되어야 한다는 강박증에 의해 우리는 항상 남을 위해 살아가려고 하는 것이다.

애정과 소속의 욕구는 늘 목마르게 된다. 과감히 뻔뻔해져야
한다.

나부터! 나 혼자 우뚝 서야 한다!

'그러면 이기주의자가 되는 거 아냐?'라는 생각일랑 하지 말자.
나를 사랑하지 않고서는 절대로 남을 사랑할 수가 없다.

꽃이 보이지 않는다. 꽃이 향기롭다. 향기가 만개한다. 나는
거기 묘혈을 판다. 묘혈도 보이지 않는다. 보이지 않는 묘
혈 속에 나는 들어앉는다. 나는 눕는다. 또 꽃이 향기롭다.

- 이상, 「절벽」에서

우리는 사방이 절벽인 세상을 살아가고 있다. 만인이 만인의 적
인 세상이다. 절망이다.

'절망은 죽음에 이르는 병(키르케고르)'이다. 우리는 묘혈을 파

고 드러눕는다. '꽃이 향기롭다.'

우리는 죽음의 향기(타나토스)에 취하지 말아야 한다. 자신부터
구해야 한다. 뻔뻔하게 살아야 한다.

공을 이룬 뒤에는 물러나야 한다

"공을 이루고 명예를 얻으면 몸은 물러나는 것이 하늘의 도다. (功

成名遂身退 天之道.)"

- 노자, 『도덕경』에서

중국 장가계(장자제)에 다녀온 사람들이 많다. 사진으로 봐도
천하의 절경이다. 이 세상이 아닌 듯하다. 영화 〈아바타〉의 촬영
지라고 한다.

이 깊은 오지에 숨어든 사람이 '천하의 장량'이라고 한다. 장량

은 한 고조 유방을 도와 한나라를 세운 건국의 일등 공신이다.

하지만 나라를 반석 위에 올려놓은 뒤 장가계(장자제)로 표표히 사라진다. 미련을 갖고 남아 있었다면 비명횡사했을 것이다.

그래서 고대 중국의 철인 노자는 말했다.

"공을 이루고 명예를 얻으면 몸은 물러나는 것이 하늘의 도다."

토사구팽(兎死狗烹)이라고 생각하지 말아야 한다. 그것은 자신을 사냥개로 만드는 일이다.

천지자연의 이치가 '공을 이루면 물러나는 것'이다. 가을이 오면 아무리 울창한 숲을 이루었더라도 나무들은 미련 없이 나뭇잎을 떨어뜨린다.

그것이 사는 길이다. 인간 세상도 천지자연의 일부이기에 한 치의 오차도 없이 천지자연의 이치를 따른다.

공을 이루고 물러나기는 쉽지 않다. 온 마음을 다해 이룬 공, 어떻게 내려놓을 수 있겠는가?

장량의 처지에서 홀로 쓸쓸하게 역사의 무대에서 퇴장하는 게 얼마나 고통스러웠을까?

시골의 건달에 불과했던 유방을 한의 태조로 만들었지만, 모든 권력이 유방 일가에 집중되어 갈 때 그는 깊은 자괴감을 느꼈을 것이다.

권력은 부자지간에도 나눌 수 없는 것, 하물며 어찌 황제와 신하가 나눌 수 있겠는가?

그가 무릉도원 장가계(장자제)로 숨어들었을 때, 그의 가슴에는 울분이 가득 찼을지도 모른다.

하지만 차츰 시간이 흐르며 그는 깊은 내면에서 솟아 올라오는 희열로 충만해져 갔을 것이다.

인간은 다 버리고 나면, 몸뚱이만 남는다. 몸뚱이는 영적인 몸이 된다. 영혼 그 자체가 된다.

인간은 물질인 몸으로 살아가는 것 같지만, 실은 몸은 영혼(에너지장) 그 자체다. 영혼은 천지자연과 하나다.

다 버리고 나면 인간은 우주만큼 커진다. 우주 그 자체가 된다. 비로소 신이 되는 것이다.

인간으로서 자아실현(自我實現)을 한 장량, 이제 자아초월(自我超越)까지 한 것이다.

얼마나 멋진 인생인가! 그가 공에 연연했다면, 그는 버려진 사냥개가 되어 고깃덩이 하나로 남게 되었을 것이다.

12월은 눈사람 만들어 놓고 발로 한번 차 보는 달

- 안도현, 「농촌 아이의 달력」에서

아이들은 자신들의 공을 스스로 허문다.

우리는 어릴 적에 온 정성을 다해 눈사람을 만들거나 모래성을
쌓고서 한순간에 허문 기억이 있을 것이다.

아이 앞에는 언제나 더 나은 놀이가 널려 있으니까.

이 시대의 사랑

"사랑한다는 것, 그것은 온갖 고독을 넘어서 세계로부터 존재에 생
명력을 불어넣을 수 있는 모든 것과 더불어 포획되는 것입니다. 이
세계에서 저는 타자와 함께하는 행복의 원천이 나에게 주어지는
것을 직접 봅니다."

- 알랭 바디우, 『사랑예찬』에서

제이 송 감독의 영화 〈코인룸 Coinroom〉을 보며 이 시대의 사
랑을 생각했다.

줄거리는 간단하다. 공장에서 일하는 가장 지철은 우연히 역 앞에 있는 'Coinroom'이라는 간판을 보고 호기심에 들어서게 된다.

직원에게서 5만 원권 지폐를 동전으로 바꾼 그는 미로 같은 어둑한 길을 따라 한 룸에 들어간다.

커튼을 열자 한 여인의 하체가 뒷모습을 드러낸다. "어서 와. 자기야!" 여인의 매혹적인 목소리.

하체의 뒷모습만 보이는 여성, 상체는 벽으로 가려져 있다. 지철은 이 여성과 뜨거운 사랑을 나누게 된다.

'아, 얼굴 없는 여성과의 사랑!'
언제든지 동전만 넣으면 된다. 지철은 이 여성에게서 진정한 사랑을 느끼게 된다.

이런 사랑이 이 시대의 사랑이 아닐까? 언젠가 한 성교육 강사에게서 들었다.

"요즘 젊은이들은 모텔에서 30분 동안 사랑을 나눈대요."

30분간의 짧은 사랑에서 서로의 얼굴을 보게 될까? 그들이 보는 건, 서로의 하체뿐이지 않을까?

상체와 함께 만나는 사랑은 이 시대의 젊은이들에게는 너무나 버거운 걸까? 오로지 성욕의 해결이 되어 버린 이 시대의 사랑.

지철은 회사에서 구조 조정을 당하게 되었다. 그는 아내에게 말한다.

"나 진정한 사랑을 만났어! 우리 헤어져!"

화면은 아내의 얼굴을 보여 준다. 그녀는 바로 지철이 코인룸에서 만난 진정한 사랑이다.

이 시대의 진정한 사랑은 서로 하체로만 만나야 한다! 동전만 넣으면 되는, 얼굴 없는 사랑!

약초로 구운 닭 가슴살 한쪽만

테이크아웃해가는

작고 앙증맞은 쇼핑백에 담을 만큼의

순간의 시장기를 면할 만큼의

그런 사랑이 필요한 때.

                    - 박영우, 「1인치의 사랑」에서

1인치의 사랑이 필요한 때,

나머지 99인치의 사랑이 우리 안에서 부글거리다 밖으로 마구
흘러나온다.

세상은 토사물로 가득하다.

권태, 우울증, 불면증, 공황 장애, 자해, 스토커, 동반 자살, 도
박, 마약, 사이비 종교…….

자유로부터의 도피

"권위주의적 성격은 인간의 자유를 속박하는 조건들을 좋아하고,
그리고 기꺼이 운명에 복종한다."

- 에리히 프롬, 『자유로부터의 도피』에서

안드레아스 프로차스카 감독의 영화 〈다크 밸리(The Dark
Valley)〉를 보았다.

알프스산맥을 따라 카우보이가 '다크 밸리'에 도착한다. 하나의
일가(一家)가 지배하는 '검은 골짜기 왕국'이었다.

그 일가는 그 왕국의 처녀가 결혼하면 초야권(신부와 첫날밤을 보냄)을 행사한다. 카우보이도 그렇게 태어났다.

카우보이는 어머니를 대신해 복수하러 나타난 것이다. 그가 쏜 총알에 피를 뿜으며 쓰러지는 압제자들(그의 형제들).

그는 차마 왕(그의 친부)은 죽이지 못한다. 그렇게 피를 먹고 피어난 마을의 자유와 평화.

하지만 마을 주민의 대다수는 자유가 버겁다. 그들은 왕가(王家)의 지배에 익숙해진 것이다.

그들은 '자유를 속박하는 조건들을 좋아하고, 그리고 기꺼이 운명에 복종하는 인간'이 된 것이다.

카우보이는 쓸쓸히 떠난다. 그들이 노예가 된 심리적 근원은, 그들이 생(生)의 의지를 잃어버렸기 때문이다.

정신분석학의 창시자 지그문트 프로이트는 다음과 같이 말했다.

"죽음의 본능은 성적 본능과 융합하고, 그 융합된 것이 자신을 향하면 피학증으로 나타나게 되고 타인을 향하면 가학증으로 나타난다."

그는 인간에게는 두 개의 원초적 본능이 있다고 주장한다. 하나는 삶의 본능이고, 다른 하나는 죽음의 본능이다.

그 마을 주민들은 사랑을 잃었기에, 삶의 본능을 잃게 되었다. 죽음의 본능이 그들의 영혼을 지배하게 되었다.

죽음의 본능은 성적 본능과 융합하고, 그 에너지가 자신들에게 향해져 피학증으로 나타나게 된 것이다.

부르는 소리도 없었는데
나는 왜 접근금지인 세상을 꿈꾸었을까.
아무도 가보지 못한 세상

깊은 구멍으로만 존재하는 세상이

왜 내 생(生)을 상기시켰을까.

선데이 서울,

내 생(生)에 총천연색 욕망을 칠해 놓고

그것이 어둠임을 가르쳐 주었다.

- 황규관, 「선데이 서울」에서

나도 시인처럼 '선데이 서울'을 보며 성장했다. 총천연색 욕망을 칠해 놓고 접근금지인 세상.

'깊은 구멍으로만 존재하는 세상'

그 깊은 어둠 속으로 우리는 깊이깊이 빠져들어 갔다.

아직도 헤어나지 못하고 있다.

호밀밭의 파수꾼

"나는 늘 넓은 호밀밭에서 꼬마들이 재미있게 놀고 있는 모습을 상
상하곤 했어. (…) 애들이란 앞뒤 생각 없이 마구 달리는 법이니까
말이야. 그럴 때 어딘가에서 내가 나타나서는 꼬마가 떨어지지 않
도록 붙잡아 주는 거지."

- 제롬 데이비드 샐린저, 『호밀밭의 파수꾼』에서

아침에 인터넷 뉴스를 훑어보다가 '헉!' 숨이 막혀 왔다.

'현직 교사 24명이 대학수학능력시험과 수능 모의평가 출제위

원으로 참여하면서 대형입시학원에 문제를 팔고 거액을 챙겨 온 것으로 드러났다.'

평소에 충분히 가능성이 있다고 생각하고는 있었지만, 막상 현실로 드러나니까 아득해진다.

이 뉴스를 접하는 학부모, 학생들은 무슨 생각을 할까? 혹 '뭐 다 그런 거지.' 하고 생각하지 않을까?

분노하지 못하는 마비된 영혼은 얼마나 슬픈가! 아주 오래전의 나의 어린 시절이 생각났다.

초등학교 6학년, 읍내 중학교를 진학하기 위한 경쟁이 치열했다. 학교에서는 보충수업까지 했다.

시험 보는 어느 날, 아이들의 재잘거리는 소리가 들려왔다. "야, 어젯밤에 배운 게 나왔어."

그 아이들은 담임선생님에게 과외를 받고 있었다. '어젯밤에 배운 것이 시험에 나오다니!'

하지만 나는 무덤덤했다. '다 그런 거지 뭐.' 초등학교 6학년 아이가 있을 수 없는 부조리 앞에서 그냥 무덤덤하다니!

우리 집은 오랫동안 셋방살이를 했다. 나는 주인집 사람들의 눈치를 보는 게 몸에 배었다.

자신의 감정을 마음껏 표현하지 못하는 아이! 그 아이의 얼굴은 점점 표정을 잃어갔다.

그 뒤 나는 글을 쓰고 인문학을 공부하며 나의 감정을 세심하게 살피고 소중히 받아들이게 되었다.

아이들은 자신의 감정에 솔직하다. 그러다 어른이 되어 가면서 자신의 감정에 무뎌지게 된다.

자신을 세상에 맞춰 살아가기 때문이다. 이렇게 되면 삶이 공허
해진다. 세상은 활력을 잃게 된다.

이런 굳어 버린 세상에 다시 생명의 기운을 불어넣어야 한다.
우리 안의 아이를 깨워야 한다.

중국 명대의 유학자 이탁오는 동심(童心), 아이의 마음을 깨우
면 누구나 성인이 될 수 있다고 했다.

길을 잃었을 때는 출발점으로 되돌아가라고 한다. 길을 잃어버
린 현대인, 태초의 마음으로 되돌아가야 한다.

미국의 작가 제롬 데이비드 샐린저의 소설 『호밀밭의 파수꾼』의
주인공 16살 홀든 콜필드는 말한다.

"나는 늘 넓은 호밀밭에서 꼬마들이 재미있게 놀고 있는 모습을
상상하곤 했어. (…) 애들이란 앞뒤 생각 없이 마구 달리는 법이니
까 말이야. 그럴 때 어딘가에서 내가 나타나서는 꼬마가 떨어지지

않도록 붙잡아 주는 거지."

나는 '호밀밭의 파수꾼'을 읽으며 가슴이 아려왔다. 나의 고교 시절도 홀든과 같았기 때문이다.

하지만 나는 애써 무덤덤하게 지내며 무사히 졸업했다. 굳어 버린 가슴으로 보낸 나의 소년 시절, 그 뒤 나의 삶은 어떻게 되었을까?

우리는 자신의 내면에 있는 아이를 항상 돌보아야 한다. 위험하게 되지 않도록 '내면 아이'의 파수꾼이 되어야 한다.

제롬 데이비드 샐린저는 다음과 같이 말했다.

"미성숙한 인간의 특징이 어떤 이유를 위해 고귀하게 죽기를 바라는 경향이 있다는 것이다. 반면 성숙한 인간의 특징은 같은 상황에서 묵묵히 살아가기를 원한다는 것이다."

우리는 자신의 감정을 소중히 지켜야 성숙한 인간이 된다. 항상 묵묵히 살아갈 수 있다. '살아 있음'을 만끽하면서.

그렇지 않으면, 헛헛한 삶을 견딜 수 없어 '고귀하게 죽기'를 바라게 된다. 온갖 망상에 시달리게 된다.

여기 산. 산은 높고, 산은 위험해.
그리고 여기는 사막이군요.
아마 좀 더 오래 울어야 할까 봐요
강물이 만져지질 않는군요.

— 노혜경, 「점자지도」에서

오랫동안 감정을 억누르고 살아가면, 눈물이 말라 버린다. 세상은 다 정지해 있는 죽은 사물이 된다.

오래오래 울어야 한다. 그러면 다시 해가 돌고 강물이 흐르고 나무와 풀이 자라고 동물들이 뛰어놀게 된다.

3장

가슴으로
느끼는 시간들

빛을 보기 위해 눈이 있고,

소리를 듣기 위해 귀가 있듯이,

시간을 느끼기 위해 가슴이 있다.

가슴으로 느끼지 않은 시간은

모두 사라져버린다.

– 미하엘 엔데

만족하는 삶을 향하여

"언젠가 내가 안락의자에 눕는 날, 그때로 내 인생은 끝장이다! 네가

무슨 수를 쓰든 나를 속여 넘겨 나 스스로 만족감을 느끼는 날, 네가

나를 향락으로 속여 넘기는 날, 그때를 나의 마지막 날로 삼자!"

- 요한 볼프강 폰 괴테, 『파우스트』에서

인생은 고(苦)라고 한다. '인생은 고통'이라는 것이다. 이 말을
누구나 쉽게 수긍할 것이다.

하지만 이 고(苦)의 뜻을 제대로 이해하려면, 불교에서 말하는

'고통(dukkha)'이라는 단어의 뉘앙스를 잘 이해해야 한다.

dukkha라고 하는 말은 '불만족'이라는 뜻이다. 우리는 경험적으로 안다. 우리의 욕망은 도무지 만족을 모른다는 것을.

프랑스의 정신분석학자 자크 라캉은 우리가 욕망하는 대상은 언젠가 결핍되었던 것이 그 대상으로 전이되었기에, 욕망을 충족해도 결코 만족할 수 없다고 말했다.

우리는 무수히 겪어 왔다. 우리가 원했던 것들이 이루어지는 순간, 그것들이 신기루처럼 사라지는 것을.

우리는 그것들을 진짜 원한다고 생각했지만, 실은 그것들은 우리가 과거에 이루지 못한 것들이 우리 앞에 그런 모습들로 변형되어 나타났다.

우리는 항상 목이 마르다. 그래서 파우스트는 악마, 메피스토펠레스에게 말하는 것이다.

"나 스스로 만족감을 느끼는 날, 네가 나를 향락으로 속여 넘기는 날, 그때를 나의 마지막 날로 삼자!"

파우스트는 자신이 삶에 만족하게 되면, 악마에게 이끌려 지옥에 가도 좋다고 말하고 있다.

그만큼 그는 '인생 불만족'이라는 너무나 커다란 삶의 고통에 오랫동안 신음하며 살아왔다.

그는 이 시대의 성공한 인물을 상징할 것이다. 모든 지식을 섭렵하고 만인의 존경을 받는 지식인.

얼마나 멋진 인생일까? 하지만 그는 도무지 만족할 수 없는 삶에 지쳤다. 그는 지옥에 떨어질지라도, 단 한 번만이라도 만족해보고 싶은 것이다.

그래서 그는 악마에게 영혼을 판다. 다시 젊어지고 온갖 향락을 누리게 된다. '영원한 것은 저 푸른 생명의 나무'이니까.

그러다 그의 깊은 내면에서 '사랑'이 깨어난다. 인간의 욕구는 상승하게 되어 있는 것이다.

인간은 낮은 차원의 욕구가 채워져야 한다. 육체적 향락을 누려 봐야 더 높은 정신적 차원의 욕구를 지향하게 된다.

그는 진정한 사랑을 알게 되고, 세상을 위해 간척 사업을 하게 된다. 어느 날, 그는 외치게 된다.

"멈추어라, 순간이여! 너는 참으로 아름답구나!"

그에게 악마가 다가온다. 그의 영혼을 지옥으로 데려가려고, 하지만 하늘에서 천사들이 내려와 그를 구원해 준다.

바로 '만족하는 삶'이 인간의 구원인 것이다! 우리는 두려워하지 말아야 한다. 육체적 향락을.

우리는 몸을 온전히 사랑해야 한다. 온전한 몸은 바로 영혼 그 자체다. 몸을 떠난 영혼은 없다.

그래서 우리는 항상 몸의 소리에 귀를 기울이며 살아가야 한다.

몸의 소리가 영혼, 신의 소리이니까.

나무여 영혼이여

가벼운 참새같이 나는 잠시 너의

흉하지 않은 가지 위에 피곤한 몸을 앉힌다

- 김수영, 「서시」에서

시인은 진정한 삶을 시작한다.

'가벼운 참새같이' 영혼의 나무에 '피곤한 몸'을 앉힌다.

온전한 몸, 온전한 영혼이다.

인생일장춘몽(人生一場春夢)

"내가 지난밤 꿈에 나비가 되었다. 날개를 펄럭이며 꽃 사이를 즐겁게 날아다녔는데 너무 기분이 좋아서 내가 나인지도 몰랐다. 그러다 꿈에서 깨어 버렸더니 나는 나비가 아니고 내가 아닌가? (…) 지금의 나는 진정한 나인가? 아니면 나비가 꿈에서 내가 된 것인가?"

- 장자, 『장자』에서

지나간 인생을 되돌아보면, 그야말로 한바탕 꿈같다. 아무리 오래 살아도 한평생이 꿈만 같을 것이다.

왜 그럴까?

그런데, 아이들도 자신들의 지나간 인생을 꿈 같다고 생각할까? 그렇지 않을 것 같다.

우리들의 어린 시절을 생각해 보면, 얼마나 생생했던가? 그 생생한 삶을 꿈이라고 생각할 수 있겠는가?

어른들이 자신들의 인생을 꿈 같다고 생각하는 것은, 삶이 생생하지 않아서 그럴 것이다.

어른들의 머리에는 항상 지식이 와글거린다. 그래서 지식으로 사람과 사물들을 바라보게 된다.

사람들과 사물들이 생생하게 와닿지 않는다. 항상 안개가 서려 있는 듯하다. 꿈속 같다.

아이들은 다르다. 아는 게 적어 사람들과 사물들을 그대로 본다. 생생하게 와닿는다.

아이들은 다른 사람들, 다른 사물들과 하나의 파동이 되어 어우러진다. 아이들은 항상 춤을 춘다.

장자는 꿈에 자신이 나비가 된 꿈을 꾸었다. 꽃 사이를 즐겁게 날아다녔다. 하지만 잠을 깨고 나니 그것은 꿈이었다.

"지금의 나는 진정한 나인가? 아니면 나비가 꿈에서 내가 된 것인가? 내가 나비가 되는 꿈을 꾼 것인가? 나비가 내가 되는 꿈을 꾸고 있는 것인가?"

어느 누가 진정한 장자일까? 중요한 것은 자신을 생생하게 느끼고 있는 지금, 이 순간이다.

지금, 이 순간은 그가 확실하게 '살아 있는' 시간이니까! 장자가 꿈을 깨고 나서, '참 이상한 꿈도 있구나.' 하고 지나쳐 버렸다면, 그의 삶은 생생하지 않았을 것이다.

인생이 한바탕 꿈이 되지 않으려면, 항상 '지금, 이 순간'을 온몸으로 생생하게 느껴야 한다.

찰나를 잡을 수 있을 때, 우리의 삶은 꿈이 되지 않는다. 꿈은 우리의 생각일 뿐이다.

우리는 생각 속에서 사는 게 아니다. 온몸으로 지금, 이 순간을 살아가는 것이다. 오롯이 살아 있음이다.

어른들은 머리에 지식이 많고 생각이 많아, 자꾸만 삶의 의미를 찾으려 한다. 삶의 의미를 묻게 되면, 생생한 삶은 사라져 버리게 된다.

점원인가 하고 마네킹에게 말을 건다
마네킹인가 하고 점원을 지나친다
인생(人生)이 날 지나친다 마네킹인가 하고

- 김일연, 「옷가게에서」에서

우리는 시인처럼 항상 주문을 외워야 한다.

'인생(人生)이 날 지나친다 마네킹인가 하고'

그러면 인생이 지나치다 말고 발걸음을 멈출 것이다. 우리와 동행하게 될 것이다.

취향은 몸의 역사다

"취향(아비투스)이야말로 인간이 가진 모든 것, 즉 인간과 사물 그리고 다른 사람들에게 의미할 수 있는 모든 것의 원리이기 때문이다. 이를 통해 사람들은 자신을 구분하며, 다른 사람들에 의해 구분된다."

- 피에르 부르디외, 『구별 짓기』에서

나는 경북 상주에 있는 작은 시골 마을 '주막듬'에서 동화 같은 어린 시절을 보냈다. 기와집 하나 없는 가난한 마을이었다.

다들 고만고만하게 살다 보니 싸우더라도 금방 화해를 하고 서로 도움을 주고받으며 살았다.

마을에 잔치가 있는 날은 온 마을이 들썩였다. 흥에 겨운 부모님을 보는 건 참으로 즐거웠다.

마을 사람 모두가 하나의 가족이었다. 부모는 부모답게, 자식은 자식답게, 형은 형답게, 아우는 아우답게 더불어 살았다.

그러다 읍내에 있는 초등학교에 입학하면서, 나는 난생처음으로 '구별 짓기'를 알게 되었다.

읍내 아이들은 얼굴이 희멀건 했다. 여자아이들에게서는 향내가 났다. 우리는 책보자기를 메고 고무신을 신고 다녔는데, 그들은 가방을 메고 운동화를 신고 다녔다.

우리들의 옷소매는 콧물 자국으로 반질반질했다. 나는 읍내 아이들을 피해 다녔다. 알아서 나를 그들과 구별 지었다.

그러다 6학년이 되면서 나는 그들과 어울릴 수 있게 되었다. 중학교 진학을 위해 오후에는 반 편성을 성적순으로 했다.

나는 운 좋게도 가장 우수한 아이들의 분단에 배치되었다. 희멀건 아이들과 자연스레 얘기를 나누게 되었다.

우리 마을 아이들이 지구 오지의 원주민같이 보였다. 나의 마을이 싫어졌다. 그동안 즐겨 먹던 밥, 국, 반찬들이 싫어졌다.

나의 '취향'이 달라진 것이다. 프랑스의 사회학자 피에르 부르디외는 다음과 같이 말했다.

"취향이야말로 인간이 가진 모든 것, (…) 모든 것의 원리이기 때문이다. 이를 통해 사람들은 자신을 구분하며, 다른 사람들에 의해 구분된다."

나는 지금도 촌스러운 사람이 싫다. 그러면서도 촌스러운 사람에게 동질감이 느껴지고 그들과 얘기하면 편안해진다.

가끔 도시 변두리의 가난한 동네에 가서 순대국밥 집을 찾는다. 벽에 '코를 풀지 말라'는 삐뚤빼뚤 쓴 글씨를 보고는 정겨움을 느낀다.

나는 가끔 이런 말을 듣는다. "옷을 참 예쁘게 입으셔요." 그러면 나는 쓴웃음을 짓는다.

아마 어릴 적 옷을 제대로 입지 못한 한 때문인 듯하다. 어머니는 옆 마을에 사는 고모님 댁의 사촌 형의 옷을 자주 얻어 오셨다.

부모님이 내 옷을 사 주셨던 기억이 단 한 번밖에 없다. 모자 달린 옷을 그리도 입고 싶었다.

이제 한을 풀었다. 한동안 후드티를 자주 입고 다녔다. 나의 무의식에 깊이 각인된 취향들.

나는 누가 나를 무시하는 것을 견디지 못한다. 객관적으로 보면 별거 아닌데도 그런 사람과 결별까지 한다.

부르디외는 말했다.

"취향은 뇌뿐 아니라 주름, 몸짓, 말투, 억양, 발음, 버릇 등 우리를 나타내는 모든 것에 기록된 몸의 역사다."

아니오
사랑한 적 없어요,
세계의
지붕 혼자 바람 마시며
차마, 옷 입은 도시 계집 사랑했을 리야

- 신동엽, 「아니오」에서

나는 도시 계집을 사랑하고 결혼까지 했다.

그러면서도 시골 마을을 찾아 헤맨다.

어린 시절을 잊지 못해서다. 그때 만난 얼굴들이 너무나 그리워서다.

그냥 살자

"무사태평하게 보이는 이들도 마음속 깊은 곳을 두드려 보면 어딘가 슬픈 소리가 난다."

- 나쓰메 소세키, 『나는 고양이로소이다』에서

공부 모임의 한 회원이 ㄱ 작가의 북 토크에 다녀온 얘기를 했다.

"ㄱ 작가가 '그냥 살자'라고 했는데, 참 좋았어요."

그 말은 사람에 따라 맥락에 따라 다양하게 해석될 수 있을 것

이다. 그 작가는 어느 정도 문학적 성취를 이루었기에 '그냥 살자'
라는 깨달음을 얻게 되었을지 모른다.

하지만, 평범하게 살아가는 사람에게는 그 말이 '약자의 정신승
리법'이 될 수 있는 위험이 있다.

우리가 살아가는 현대자본주의 사회는 물질을 신으로 숭배한
다. 당연히 돈이 적은 사람은 돈이 많은 사람에게 시기심을 느끼
게 된다.

그런데 우리는 이 시기심을 인정하기가 싫어, '그냥 살자'라는
말로 자기 최면을 걸 수가 있는 것이다.

"인생 뭐 있어? 그냥 살아!" 우리가 흔히 듣는 말이다. 이 말을
하는 사람들이 정말 그냥 살 수 있을까?

'그냥 사는 것'은 아주 높은 정신의 경지다. 자기 세계를 확고하
게 갖고 살아가는 사람만이 가능한 최상의 삶의 방식이다.

역사적으로 대성공한 사람은 고대 그리스의 철인 디오게네스일 것이다. 그는 개가 되는 것이 철학의 목표였다고 한다.

배만 부르면 만족하는 개, 얼마나 고결한 존재인가? 디오게네스는 개가 되어 포도주 통에서 햇볕을 쬐며 그냥 살아갔다.

그는 그 행복을 알렉산더 황제가 와서 한자리 준다고 해도 포기하지 않는다. 이런 경지에 도달해야 그냥 살 수가 있을 것이다.

'그냥 살자'라고 하는 사람들에게 청와대에서 한자리 준다고 하면 어떻게 될까? 그 자리를 사양할 수 있다면, 그는 '그냥 사는 사람'일 것이다.

우리는 자신의 초라한 모습을 견딜 수가 없어, '그냥 살자'라고 자위하지 말아야 한다.

인간의 깊은 내면에는 누구나 신처럼 위대한 마음이 있다. 그 마음을 믿고 솔직하게 살아가야 한다.

항상 자신의 내면을 들여다보며, 자신의 마음을 그대로 보아야 한다. 자신의 희로애락을 그대로 보는 연습을 치열하게 해야 한다.

그렇게 살아가면, 자신의 마음의 힘이 세진다. 그렇게 자신의 마음을 정성스레 가꿔 가야 한다.

그러면 언젠가는 그냥 살아갈 수 있는 사람이 될 수 있을 것이다. 그때 비로소 '살아 있음의 환희'를 느낄 수 있게 될 것이다.

일본 근대문학의 아버지 나쓰메 소세키의 소설 『나는 고양이로 소이다』는 고양이의 눈으로 적나라한 사람 풍경을 보여 준다.

"무사태평하게 보이는 이들도 마음속 깊은 곳을 두드려 보면 어딘가 슬픈 소리가 난다."

겨울밤 벌레 우는 소리는 가을보다 처절하니
근심 모르는 사람이 들어도 수심에 젖네

중국 당나라의 시인 백거이(白居易)는 두보, 이백과 더불어 당을 대표하는 삼대 시인 중 한 명이다.

자는 낙천(樂天)이고, 호는 향사거산(香士居山) 혹은 취음선생(醉吟先生)이라고 한다.

시인의 이름에서 '그냥 살자(居易)'가 보인다. 그렇게 살아가면, '최고의 즐거움(樂天)'에 도달하지 않겠는가?

시인은 언제나 '향기가 나는 선비(香士)'다. 이따금 '술에 취한 모습(醉吟)'이 신선이 아니겠는가?

시인은 이런 고매한 경지에 도달하기 위해 어떻게 살아갔을까?

시인은 겨울밤에 벌레가 우는 소리를 듣는다. 시인의 귀에는 벌레 우는 소리가 사람들, 생명체들의 신음, 비명으로 들린다.

시인은 한평생 자신의 마음을 들여다보며 수심에 젖어 살아갔기에, 그의 이름들에 걸맞은 사람이 되어 갔을 것이다.

희망은 길과 같다

"희망이란 본래 있다고도 할 수 없고 없다고도 할 수 없다. (…) 본래 땅 위에는 길이 없었다. 걸어가는 사람이 많아지면 그것이 곧 길이 되는 것이다."

- 루쉰, 『고향』에서

공부 모임에서 초등학교 교사인 한 회원이 말했다.

"요즘 광화문 광장에서 집회하며 희망을 품게 되었어요."

그녀는 담담히 말했다.

"혼자일 때는 희망이 보이지 않았어요. 그런데 함께 모이니까. 길이 보였어요."

인간은 타고나기를 '사회적 존재'다. 동물에서 인간으로 진화하며 다른 사람의 고통에 공감하는 능력이 생겨났다.

요즘 많은 사람이 정신질환을 앓는 이유는 '더불어 살아가야 하는 인간의 본성에 맞지 않게 살아서'라고 한다.

그 교사는 말했다.

"가장 비참할 때는 우리 반 아이가 제가 교직에 오기 전에 다니던 직장의 상사로 보일 때예요."

제자가 옛 직장의 상사로 보이다니. 교사는 을이고 학생이 갑인 것이 우리 교육의 처참한 현주소다!

하지만 교육 문제를 풀어야 할 주체는 교사다. 교사들이 절망하면 우리의 교육은 끝이다.

겉으로는 학생들이 '갑질'을 하지만, 속으로는 교사들에게 배우고 싶어 한다.

"선생님, 가르쳐 주세요, 우리는 앞으로 어떻게 살아가야 해요?"

아이들의 깊은 마음속에는 순수한 본성이 있다. 아이들은 조금만 잘 지도해 주면, 금방 아름다운 인간으로 되돌아온다.

교사들은 희망을 버리지 말아야 한다. 아이들의 깊은 마음속에는 늘 '울고 있는 아이'가 있다는 것을 잊지 말아야 한다.

그 우는 아이를 밖으로 나오게 해야 한다. 그렇게 하지 않으면, 그 아이는 울음을 멈추고 악마가 되어간다.

그 아이는 성인이 되면 마구 칼을 휘두르게 된다. 그 칼에 부모들이 죽고, 길 가던 행인이 죽고, 교사도 죽게 된다.

교사는 직장인의 윤리를 넘어 스승이 되어야 한다. 교사들은 자신들이 교사가 되려 했던 처음의 마음으로 되돌아가야 한다.

아이들이 마냥 귀엽고 그들과 한평생을 함께 하고 싶어 하지 않았던가! 아이들은 교사가 스승이 되기를 간절히 바라고 있다.

대다수 학부모도, 대다수 국민도, 교사들이 이 시대의 스승이 되기를 간절히 바라고 있다.

인간의 깊은 내면에는 현자(賢者)가 살고 있다. 교사들은 내면의 현자를 깨어나게 해야 한다.

그러면 누구나 멋진 스승이 될 수 있다. 한 교사가 그 길을 가고, 옆에서 또 한 교사가 그 길을 가고, 또 다른 한 교사가 그 길을 가고, 차츰 길이 열리게 된다.

희망은 우리가 만드는 것이다. 혼자 그 길을 가다 곁에 다른 사람들이 함께 가고 있다는 것을 알았을 때, 그 기쁨은 인간이 가질 수 있는 최상의 기쁨이다.

교사의 수난의 시대가 교사의 희망의 시대가 될 수 있다. 인간은 생각하는 동물이라 생각 하나로 새로운 나, 새로운 세상을 만들어 갈 수 있다.

겨울 지나 봄볕에 말린 솜이불 같다

언 손 호호 불며 쬐는 난롯불 같다

유리창을 새어 나오는 한 옥타브 올림음

가을에는 얇은 그림책 한 권 사 들고

가난한 아이들을 찾아가는

옷이 얇아 조금 추워 보이는 그림자

- 이기철, 「선생님이라는 명사」에서

우리의 깊은 마음속에는 '선생님이라는 명사'가 있다.

솜이불 같고, 난롯불 같고, 올림음 같고, 그림자 같은······.

지금 그 선생님들이 광화문의 아스팔트 바닥에 주저앉아 울고
계신다.

4장

너 자신을
초극하라

나는 그대들에게 초인을 가르친다.

인간은 초극해야만 하는 그 무엇이다.

그대들은 인간을 극복하기 위하여

무엇을 하였는가?

- 프리드리히 니체

찌질한 글쓰기

"아무리 훌륭한 것이라도 역시 구토를 일으킬 것 같은 것이 아직 달라붙어 있다. 최상의 인간일지라도 아직 극복되어야 할 존재인 것이다!"

- 프리드리히 니체, 『차라투스트라는 이렇게 말했다』에서

어제 공부 모임에서 한 회원이 말했다.

"선생님, 요즘 제가 찌질한 글쓰기 모임에 나가고 있는데요. 어떻게 생각하세요?"

나는 대답했다.

"자신들의 찌질한 이야기를 쓰고 다른 사람들과 얘기를 나누는 게 위험할 수 있어요."

사람은 누구나 남에게 얘기하기가 부끄러운 찌질한 이야기들이 있을 것이다. 이것들을 밖으로 드러내면, 찌질한 자신을 벗어날 수 있을 것이다.

오래된 우물의 물은 썩는다. 퍼내야 한다. 가슴에 묻어 두었던 우리의 마음을 썩게 하는 상처들, 다 퍼내야 한다.

그래야 우리 깊은 내면에서 맑은 샘물이 솟아 나온다. 우리는 마음의 상처에서 자유롭게 된다.

문제는 이 시점에서 '앞으로 어떻게 할 것이냐?'이다. 마음이 개운해졌으니 '일상으로 돌아가 열심히 살자!' 이렇게 되면, 앞으로의 삶은 별로 나아지지 않는다.

앞으로도 계속 찌질한 일은 일어날 테고, 그때마다 찌질한 이야기를 써서 함께 나누며 살아가는 삶, 얼마나 찌질한 삶인가!

현대 철학의 아버지 프리드리히 니체가 말하는 최후의 인간, 더는 자신을 초극하려 하지 않고 현실에 안주하려는 인간의 삶이다.

힘들 때 커피, 박카스를 마시는 것과 같다. 거대한 이 세상의 하나의 부속품으로 살아가는 삶이다.

인간은 각자 하나의 세계다. 우리가 세계라고 믿는 이 세계는 허구다. 인간은 자신만의 세계를 만들어 가야 한다.

끊임없이 자신을 발명해 가야 한다. 더 나은 나, 새로운 나를 만들기 위해서는 자신의 찌질한 이야기를 쓰는 데서 끝나지 말아야 한다.

자신의 '생(生)의 의지'로 자신의 세계를 만들어 가는 자신만의 이야기를 창조할 수 있어야 한다.

찌질한 이야기를 쓰는 사람들은 '나는 앞으로 어떻게 살아가야 할 것인가?'에 대해 끊임없이 질문하고 대답을 해야 한다.

자신이 소속되어 있다고 생각하는 사회, 직장, 국가, 인류의 하나의 부품이 되어 살아갈 것인가?

자신만의 세계를 만들어갈 것인가? 좋은 부품이 되기 위한 찌질한 글쓰기는 더는 새로운 자신을 창조하지 못할 것이다.

글쓰기는 하나의 소비가 되고 말 것이다. 그의 앞에는 현대인의 고질병, 우울증 등 정신 질환들이 기다리고 있을 것이다.

찌질한 글쓰기는 자신을 성찰하는 글쓰기, 자신을 끝없이 초극하는 글쓰기로 나아가야 한다.

불을 붙이자
무한한 어둠 속에
나의 삶으로 빛을 밝히자

- 김달진, 「삶」에서

우리가 살아가고 있는 이 우주는 빅뱅으로 시작되었다고 한다.

지금도 무수한 우주가 태어나고 있다.

우리가 마음의 불을 밝힐 때마다, 한 우주가 태어난다.

당신의 그림자가 울고 있다

"그림자가 자아보다 더 많은 에너지를 집적할 때는 통제할 수 없는 분노로 작열하거나, 한동안 우리를 헤매게 하거나, 무분별하게 만든다. (…) 자생력이 있는 그림자는 심리라는 집에서 무서운 괴물로 둔갑한다."

- 로버트 존슨, 『당신의 그림자가 울고 있다』에서

오래전 시골에 살 때였다. 평소에 알고 지내던 한 초등학교 교사가 어느 날 내게 말했다.

"혹시 닭 잡을 줄 아세요?"

그는 관사에서 닭을 길렀는데, 그 수가 엄청나게 불어났단다. 그 닭들을 잡아먹고 싶은데 어떻게 하면 좋겠냐고 물었다.

나는 어릴 적 아버지가 닭 잡는 걸 자주 보았다. 목을 비틀고, 뜨거운 물에 넣어 털을 뽑고…….

나는 "아. 걱정하지 마세요. 내가 잡아 줄게요." 하고 큰소리를 쳤다. 며칠 후 그의 관사로 갔다.

그와 함께 닭장으로 가서 닭 몇 마리를 붙잡았다. 나는 무심하게 닭을 잡아 백숙을 만들었다.

그 뒤에도 집에서 기르던 닭들을 잡아먹었다. '그때 어떻게 아무런 거리낌도 없이 그렇게 했을까?'

닭의 모가지를 비틀 때, 겁에 질린 닭의 눈을 보면서. 지금은 그렇게 하지 못할 것 같다.

'아, 내 안에 그리도 무서운 어두운 나가 있었나 보다.'

내 안의 어두운 나, 그것을 분석심리학자 칼 융은 그림자라고
했다. 융 분석가인 로버트 존슨은 그림자에 대해 다음과 같이 말
했다.

"그림자가 자아보다 더 많은 에너지를 집적할 때는 통제할 수
없는 분노로 작열하거나 (…) 자생력이 있는 그림자는 심리라는
집에서 무서운 괴물로 둔갑한다."

나는 그때 '내 안의 무서운 악마'를 느꼈다. 알 수 없는 분노들이
갑자기 안에서 솟아 올라왔다.

그 분노가 닭을 무심히 죽이게 했을 것이다. 나는 그 뒤 인문학
을 공부하며 나를 성찰하기 시작했다.

술을 마시고 느닷없이 울음을 터뜨리고, 강의하다 수강생들의 작은 잘못에도 불같이 화를 냈다.

자전거로 벌판을 헤매며 꺽꺽 울었다. 몇 년이 지난 후, 나의 마음이 차츰 맑아졌다. 맑은 마음으로 보는 세상, 참으로 아름다웠다.

나는 그 뒤 글을 쓰고 인문학을 강의하며, '제정신'을 찾게 되고, 나의 길을 가게 되었다.

사람은 누구나 마음 깊은 곳에 숨겨 놓은 그림자가 있다. 그 그림자는 늘 울고 있다.

자신의 어둠을 다 밝혀야 한다. 밖으로 드러내면 된다. 그러면 그림자가 울음을 멈추게 된다.

해맑게 웃는 나의 그림자, 나는 드디어 나의 그림자와 화해를 했다. 내 평생의 반려자다.

그림자는 악마이지만, 내가 선을 실현하고 온전하게 살게 하는 힘이다. 그림자를 받아들이지 않으면 인간은 자신도 모르게 악마가 된다.

우리 사회에 수시로 출몰하는 악마들, 그들의 깊은 마음속에는 검은 그림자가 울부짖고 있다.

우리는 그들의 마음을 따스하게 들여다봐야 한다. 울고 있는 그림자를 달래 주어야 한다.

공중의 상처받은 흔적
그림자 속에 서 있다.

어느 누구도 아닌, 무(無)를 위해 서 있다.

- 파울 첼란, 「서 있음」에서

우리의 그림자 속에 언제나 서 있는 아이.

무(無)를 위해 서 있는 아이.

우리는 그 아이를 마음껏 뛰어놀게 해야 한다.

여성성이 인류를 구원하리라

"여성인 나를 그저 나로 존재하게끔 하고, 그럴 수 있도록 북돋아 주고, 그 이상의 어떤 것도 요구하지 않는 세계에서 포근하게 보호 받는 기분을 느꼈다."

- 추 와이홍, 『어머니의 나라』에서

『어머니의 나라』는 세계적인 로펌에서 고문 변호사로 일하던 성공한 여성 추 와이홍이 6년 동안 싱가포르와 모쒀족 마을을 오고 가면서 느낀 것들을 담은 에세이집이다.

그녀는 어느 일요일 오후, 싱가포르강 너머로 해가 지는 광경을 바라보며 생각했다고 한다.

'이대로라면 삶은 결코, 좋아지지 않을 것이다.'

그녀는 모계사회인 모쒀족 사회에 대해 다음과 같이 말했다.

"여성인 나를 그저 나로 존재하게끔 하고, 그럴 수 있도록 북돋아 주고, 그 이상의 어떤 것도 요구하지 않는 세계에서 포근하게 보호받는 기분을 느꼈다."

여성을 한 존재로 인정해 주는 사회에서는 청춘남녀들은 어떻게 연애를 할까? 남자가 길을 가다 마음에 드는 여자를 발견하면 노래를 부른다고 한다.

아름다운 노래를 들은 여자는 답가를 불러 준다고 한다. 서로 노래를 주고받으며 서로의 마음을 확인하는 '밀당'.

새들, 곤충들의 사랑처럼 아름답지 않은가! 가부장 사회의 청춘 남녀들과 어떻게 다른가?

나이 많은 기성세대는 아마 거의 '폭력적으로' 연애를 했을 것이다. 남자는 남자답게 강하게 밀어붙이고 여자는 여자답게 빼는 듯 받아들이고.

어느 외국인이 우리나라 영화의 섹스 장면에 대해 강간하는 느낌이 든다고 말했다고 한다.

우리는 왜 남녀가 서로 사랑을 '나누지' 못하는 걸까? 남성 중심의 가부장 사회에 길든 탓일 것이다.

내게는 풋사랑에 대한 쓰라린 경험이 있다. 초등학교 6학년 때, 같은 반에 있던 한 소녀가 내 가슴을 설레게 했다.

남자 중학교와 여자 중학교로 서로 떨어지게 된 후, 나는 그 소녀를 잊지 못해 그 소녀가 다니던 중학교로 편지를 보냈다.

일주일 동안 밤마다 온 정성을 다해 편지를 썼다. 4장의 색 도화지에 여러 색깔의 글씨로 불타오르는 내 마음을 담았다.

떨리는 손으로 편지를 보낸 후 돌아온 답장, 내 편지가 그대로 되돌아왔다. '이런 편지 보내지 말라'는 경고와 함께.

나는 편지를 학교에서 검열한다고는 생각하지 못했다. 그때의 충격은 컸다. 다시는 사랑의 편지를 쓰지 않았다.

그때 편지가 그 소녀에게 전달되었다면, 그 소녀가 거절하건 받아들이건, 나는 그 후에도 사랑의 편지로 여성들을 유혹했을 것이다.

모쒸족의 남자들처럼 지극히 부드러운 남자가 되어 갔을 것이다. 나는 그 후 '거친 남자'가 되어 갔다.

그저께 공부 모임 시간에 연애 경험담을 나눴다. 다들 폭력적인 연애였다. '남자답게 여자답게.'

모계사회가 아름다운 건 '생명'을 중심에 두기 때문이다. 생명의 가치를 중시하는 여성성이 사회의 중심에 자리를 잡으면 사회 전체가 평화로워진다.

생명의 원리는 상생과 상극이기 때문이다. 그들은 서로 미워하더라도 끝까지 더불어 살아간다.

가부장 사회는 엄격한 수직적인 질서를 중심에 둔다. 모든 인간이 상하 관계가 된다.

가부장 사회의 수직적인 남녀의 사랑이 어떻게 아름다울 수 있겠는가? 지금 젊은 청춘들에게도 이러한 가부장 사회의 질서가 깊이 유전되고 있는 것 같다.

내가 당신을 어떻게 사랑하냐구요? 방법을 꼽아 볼게요.
살아가는 목적과 완전한 아름다움을 찾을 때
아스라이 내 영혼이 닿을 수 있는 깊이만큼,
넓이만큼, 그 높이만큼 당신을 사랑합니다.

- 엘리자베스 배럿 브라우닝, 「당신을 어떻게 사랑하느냐구요?」에서

우리가 '아스라이 내 영혼이 닿을 수 있는 깊이만큼' 사랑할 수 있다면, 우리는 얼마나 고귀한 존재가 될 수 있을 것인가?

이 세상은 또 얼마나 아름다워질 것인가?

청춘 시절에 사랑 한 번 제대로 해보지 못하고서 아름다운 인생을 살아갈 수 있을까?

다른 사람들과 이 세상을 사랑할 수 있을까?

도덕을 넘어서

"인간은 합리적 존재가 아니라, (자신을) 합리화하는 존재다."

- 윌리엄 번스타인, 『군중의 망상』에서

어제 공부 모임에서 한 회원이 질문했다.

"내면의 소리를 들으며 살아가라고 하는데, 인간에게 가장 필요한 것은 겸손 같은 미덕이 아닌가요?"

겸손, 참 좋은 말이다. 겸손한 사람을 만나면 기분이 좋지 않은가? 자신도 겸손할 때 기분이 좋고.

그런데 왜 우리는 겸손하게 살아가지 못하는 걸까? 지위가 높아지고 돈이 쌓이게 되면, 우리의 자아는 팽창하게 된다.

오만한 마음이 생겨나고 자신도 모르게 남을 무시하게 된다. 이마음을 억누르고 겸손하려고 해도 잘되지 않는다.

안에서 권력욕이 솟아 올라오기 때문이다. 이 욕망을 다스릴 수있는 사람이 얼마나 될까?

따라서 도덕주의는 위험하다. 언뜻 생각하면 참 좋은 것 같은데, 공리공담이 되고 만다.

'인간은 합리적 존재가 아니라 (자신을) 합리화하는 존재'이기 때문이다. 우리는 항상 우리 안의 마음을 들여다봐야 한다.

자신의 검은 욕망을 바라보아야 한다. 그리고 더 깊은 마음속으로 들어가야 한다. 거기에는 우리의 영혼이 있다.

영혼의 소리에 귀를 기울여야 한다. 영혼의 소리가 크게 들릴 때, 우리는 자신의 검은 욕망을 다스릴 수 있게 된다.

이런 마음의 이치를 모르고 도덕주의를 부르짖게 되면, 부도덕한 세상을 탓하게 되고 결국에는 자신도 경멸하게 되어 절망의 늪에 빠져들게 된다.

우리가 도덕을 생각하게 될 때는, 그 생각의 뿌리를 찾아보아야 한다.

'왜 내가 도덕을 부르짖게 되었을까?'

그러면 발견하게 될 것이다. 자신 안의 어둑한 곳에 똬리를 틀고 있는 검은 욕망을. 자신에게 피해를 준 강한 자들에 대한 원한들을.

강자들에게 대항하지 못하니까 도덕을 내세우게 되는 것이다. 도덕적으로 우월한 자가 되고 싶은 것이다.

이것은 니체가 말하는 약자들의 정신승리법이다. 우리는 이 거짓된 마음에서 벗어나야 한다. 자신의 내면의 소리를 들으며 자신의 영혼을 깨워 가야 한다.

영혼이 우리 안에 태양처럼 빛나게 되면, 당당해진다. 이 세상에서 자신이 가야 할 길이 훤히 보이게 된다.

강자들로 보였던 사람들도 허약한 군상들임을 알게 될 것이다. 인간은 누구나 깊은 내면에는 신성(神性)이 있다.

우리는 자신을 속이지 말고 살아가야 한다. 내면의 영혼을 깨워 강자가 되어야 한다.

고대 중국의 철인 노자는 다음과 같이 말했다.

"남을 이기는 사람은 힘이 있는 사람이다. 그러나 자신과 싸워 이기는 사람이 진정 강한 자다."

　모래야 나는 얼마큼 적으냐

　바람아 먼지야 풀아 나는 얼마큼 적으냐

　정말 얼마큼 적으냐……

- 김수영, 「어느 날 고궁을 나오면서」에서

자신이 얼마큼 작은지……. 우리는 확실히 알아야 한다.

한 알의 씨앗이 되어야 한다.

그러면, 우리는 내면의 외침 소리를 들을 수 있게 될 것이다. 자신의 껍질을 찢고 나와 더 큰 자신으로 커 갈 수 있을 것이다.

우리가 뒷담화를 해야 하는 이유

"뒷담화는 악의적인 능력이지만 많은 숫자가 모여 협동을 하려면 사실상 반드시 필요하다. (…) 누가 신뢰할 만한 사람인지에 대한 믿을 만한 정보가 있으면 작은 무리는 더 큰 무리로 확대될 수 있다."

- 유발 하라리, 『사피엔스』에서

오래전 학창 시절에 우리는 선생님들에 대한 뒷담화를 많이 했다. 그러다 어떤 아이들은 선생님에게 걸려 혼이 나기도 했다.

선생님은 아이들에게 매를 들며 소리쳤다.

"왜 당당하게 앞에서 말하지 못하고 뒤에서 얘기해?"

우리는 묵묵히 앉아 듣고 있었다. 아마 우리는 속으로 중얼거렸을 것이다. '앞에서 얘기하면 어떻게 하시겠어요?'

역사학자 유발 하라리는 '뒷담화의 능력'으로 인류는 찬란한 문명사회를 이룩할 수 있었다고 말했다.

"뒷담화는 악의적인 능력이지만 많은 숫자가 모여 협동을 하려면 사실상 반드시 필요하다. (…) 누가 신뢰할 만한 사람인지에 대한 믿을 만한 정보가 있으면 작은 무리는 더 큰 무리로 확대될 수 있다."

인간은 생각하는 동물이라 온갖 상상을 다 할 수 있다. '천 길 물속은 알아도 한 길 사람 속은 알 수 없다.'

인간은 겪어 봐야 아는 것이다. 그래서 인간은 뒷담화를 할 수밖에 없다. 자신들이 겪은 이야기를 나눔으로써 한 인간에 대한 이해를 높이는 것이다.

이 과정에서 억울하게 죽은 사람도 많았을 것이다. 사람의 말은 에너지 그 자체라 사람을 죽일 수도 살릴 수도 있는 것이다.

지금도 얼마나 많은 사람이 악성 루머에 시달리고 있을까? 그렇다고 인간에게 뒷담화를 금지할 수 있을까?

'언론'에 재갈을 물려 성공한 사례는 별로 없다. 우리는 끊임없이 노력해야 할 것이다. '아름다운 뒷담화 문화'를 위하여.

건전한 의사소통이 부재한 사회에서는 가짜 뉴스들이 판치게 된다. 생각하는 동물로 진화한 인간은 지금도 진화 중인 것 같다.

'어떻게 하면 더 나은 문화를 꾸릴 수 있을까?' 항상 노력해야 하는 게 인간의 숙명일 것이다.

오늘 아침 인터넷 뉴스를 보니, '신상 공개 어떻게 봐야 할까?'라는 글이 실려 있다.

'숨진 교사 가해한 학부모는 이 여자입니다.' 사진 공개 파장. '직
업은 ○○ 강사', '직장은 ○○'

이러한 신상 공개가 마녀사냥으로 이어지지 말아야 할 것이다.
우리의 집단지성이 시험대에 올랐다.

지금은 인터넷의 발달로 지구가 하나의 마을이 되었다. 우리가
뒷담화를 잘할 수 있다면, 인류의 온갖 위기들을 극복하고 아름다
운 미래를 열어갈 수 있을 것이다.

인간에게는 '양심'이 있다. 우리는 우리 자신들의 양심을 믿으며
아름다운 뒷담화 문화를 만들어가야 한다.

안으로 안으로 삭이고만 살던

여자의 분냄새

여자의 살냄새

대문 밖을 철철 흘러나가

삽시간 온 마을 소문의 홍수로

잠길지라도

진해버려

진해버려

쥐 잡아먹은 듯

그 입술에 불을 놓아 버려

- 신달자, 「화장」에서

오랫동안 인간의 뒷담화는 왜곡되었다.

'대문 밖을 철철 흘러나가/ 삽시간 온 마을 소문의 홍수로' 바뀐 뒷
담화에 갇혀 얼마나 많은 여성이 화장조차 제대로 하지 못했을까?

'쥐 잡아먹은 듯/ 그 입술에 불을 놓아 버려' 시인은 새로운 뒷담
화 문화의 선구자다. 그래서 지금은 누구나 자유롭게 화장을 한다.

5장

타자의 부름에
응답하라

타자의 부름에

응답하는 이들은

결코, 인간다움을

잃지 않는다.

- 임마누엘 레비나스

주변인을 위하여

"저는 이곳에서 우리가 잃고 있는 것을 다시 발견할 수 있다고 생각합니다. 중심부의 시각으로 변방을 보는 것이 아니라, 변방에서 우리 사회 중심부를 바라보고 고민하는 일이 필요한 것이지요."

— 신영복, 『변방을 찾아서』에서

나는 고향 상주에서 간신히 중학교를 졸업한 후 서울에 있는 ㅊ 고등학교에 진학했다.

ㅊ 고등학교는 등록금이 없고 교복과 교과서를 무료로 주고 졸

업 후에는 철도공무원으로 취직까지 시켜 주는 국립고등학교였다.

전국에서 가난한 시골 아이들이 몰려들었다. 나는 '가난'이라는 열등감을 가득 안고 입학식에 참가했다.

그런데 학교 분위기는 열등감이 아니었다. 선생님들과 선배들이 우리에게 우월감을 심어 주었다.

"너희들 입학 성적이 서울에서 10위권 안이야! IQ는 ㄱ 고등학교 아이들에게도 뒤지지 않아!"

나는 전혀 생각지도 못했다. 나는 중학교를 졸업하면 서울에서 양복점을 하는 사촌 형님에게 갈 예정이었다.

어머니께서는 자주 말씀하셨다.

"양복점에서 일하면, 명절에 고향에 올 때 양복을 입고 오지 않겠느냐?"

나는 군말 없이 어머니 말씀을 따르기로 했다. 그런데 우연히 알게 되었다. 서울에 공짜로 다니고 취직도 되는 고등학교가 있다는 것을.

서울에 있는 이모님 집에서 숙식을 해결하기로 했다. 그때는 가까운 친척들끼리 가족처럼 지낼 때였다.

나의 몸에 밴 아비투스(삶의 태도)는 '주변인'이다. 어린 시절 주막듬이라는 시골 마을에서 거대한 성(城), 읍내를 보며 자랐다.

다행히 시험 성적이 좋게 나와 읍내 아이들과 어울릴 수 있었지만, 나는 그들 곁을 원주민처럼 맴돌았다.

고등학교는 소위 명문고라고 불리지만, 대학을 가지 못하는 가난한 아이들이 모인 실업계고.

그 뒤 어렵게 대학에 갔지만, 역시 등록금이 적은 국립사대. 나는 가끔 자신을 '조선 시대의 서자(庶子)'라는 생각을 했다.

몸에 밴 서자 의식은 조금이라도 잘난 사람을 만나거나 화려한
공간에 가면 쭈뼛거리는 모습으로 나타난다.

나는 들어갈 수 없는 중앙. 내게 중앙은 언제나 신기루 같은 곳
이었다. 안에 들어간 것 같은데 연기처럼 사라지는 곳.

나의 의식은 깊은 열등감과 강한 우월감으로 분열되어 있다. 간
신히 두 의식을 통합하고 살아가는 건, '나의 길'을 가기 때문일 것
이다.

나의 길, 글쓰기와 인문학 강의. 나를 꽃 피우는 길이다. 그 길
을 가며 자연스레 열등감과 우월감이 하나로 녹아난다.

글쓰기에 출신, 재력, 학력이 무슨 상관인가! 인문학 강의는 오
히려 주변인이기에 가능하다.

나는 대학원에 진학하여 공부하지 않고, 삶 속에서 공부했다.
살아있는 공부를 하고 싶었다.

나는 주변인으로 살아왔기에, 나보다 훨씬 부유하게 자라고 학력, 학벌이 좋은 분들이 보지 못하는 것을 본다.

내게는 '중심부의 시각으로 변방을 보는 것이 아니라, 변방에서 우리 사회 중심부를 바라보는 눈'이 있다.

물론 그 눈이 맑디맑지는 않다. 하지만 항상 눈치를 보며 살아온 사람의 눈은 남들이 보지 못하는 것을 본다.

그래서 역사적으로 한 획을 그은 사람들은 비천한 출신의 무식한 사람들이 많다. 그들의 영혼은 헛것으로 가려져 있지 않기 때문이다.

나는 20여 년을 강의하며, '인간의 길'을 찾아가는 공부가 참으로 어렵다는 생각을 한다.

소위 가방끈이 긴 사람은 가방의 긴 끈에 묶여 자유롭지 못하고, 가방끈이 짧은 사람은 가방끈이 짧아 아무것도 하지 못한다고 생각하기 때문이다.

하지만 가끔 '무학의 통찰'을 보여 주는 짧은 가방끈들을 만날
때가 있다. 그들은 일취월장한다.

가방끈이 아주 긴 사람들이 그들과 벗하고 싶어 한다. 그들의
아우라를 알아보는 가방끈이 아주 긴 사람들도 비범하다는 생각
을 한다.

그저께 뒤풀이에서 공부 모임의 한 회원이 내 잔에 술을 따르며
말했다.

"선생님은 사람을 사랑하세요."

내 안에서 뜨거운 기운이 울컥 올라왔다. 눈물이 맺혔다. '아, 나
는 지금 잘 살고 있다⋯⋯.'

사랑으로 나는 나이며 너이며 그들이다. 사랑으로 나는 중

심이며 주변이다. 사랑으로 나는 나의 상처의 노예이며 주
인이다. 사랑으로 나는 나의 상처를 세계의 상처 위에 겸
손하게 포개 놓는다.

- 김정란, 「사랑으로 나는」에서

사랑은 모든 것을 하나로 묶는다.

사랑이 부족하면, 남들과 비교하게 된다.

삼라만상이 나눠진다. '나와 너, 중심과 주변, 노예와 주인' 서로
앙상하게 말라간다.

목표 없이 살아라

"상금이 커질수록 사람들은 시야가 좁아지고 조급해집니다. 이것을 터널 비전(tunnel vision) 현상이라고 부르지요. 목표와 성취 그 자체를 위해서 달리지 않고 보상과 처벌에 따라 일을 하기 때문에 시야가 좁아집니다."

- 정재승, 『열두 발자국』에서

공부 모임 시간에 한 회원이 질문했다.

"왜 명문대 출신들이 사이비 종교에 많이 빠지나요?"

사이비 종교의 늪에 빠져 허덕이는 사람 중에 명문대 출신과 전문직이 많다고 한다.

'터널 비전 현상'으로 설명할 수 있을 것이다. 컴컴한 터널에 들어가면 먼 출구의 희미한 불빛만 보인다.

터널을 빠져나오기 위해서는 오로지 그 불빛을 향해 걸어가야 한다. '상금'이 커질수록 우리는 터널에 빠져들기 쉬울 것이다.

'명문대'가 주는 상금은 얼마나 큰가? 그 불빛만 보며 청소년 시절을 보내고 나면 어떤 사람이 될까?

명확한 목표가 없는 삶은 견디기 힘들 것이다. 정신없이 달려오다 명문대에 가고 전문직에 입성해 안정을 찾았을 때, 그들은 다시 목표를 찾아야 했을 것이다.

사이비 종교는 구원, 영생을 약속한다. 이 얼마나 '고귀한 목표'인가? 그들은 당연히 인생 최고의 목표를 향해 달려가야 한다고 생각했을 것이다.

우리는 목표 없이 살아야 한다. 독일의 시인이자 소설가인 헤르만 헤세는 『데미안』에서 말했다.

"내 안에서 솟아 나오려는 것, 그것을 살아 보려 했다. 왜 그것이 그토록 어려웠을까?"

세상이 주는 상금 때문이다. 그것은 언제나 아주 먼 곳에서 태양처럼 빛난다. 우리는 그것을 향해 달려가야 했다.

'내 안에서 솟아 나오려는 것' 그것을 살아 보려면, 가까운 가족부터 시작해 전혀 관계없는 모든 사람과 싸워야 한다.

온 세상과 싸우게 되면 지치게 된다. 그래서 다들 컴컴한 터널 속으로 들어가 먼 곳의 하얀 빛을 향해 뚜벅뚜벅 걸어가게 된다.

터널 밖으로 나오고 나서도 우리는 불빛을 찾게 된다. 가만히 앉아 있을 수가 없다. 항상 먼 곳을 꿈꾸게 된다.

우리는 어릴 적부터 목표 없이 살아야 한다. 그러면 '내 안에서 솟아 나오려는 것' 그것을 살아갈 수 있게 된다.

씨앗 하나가 자신을 가꾸어 가듯이. 깊은 잠에 빠져 있던 씨앗은 어느 날 갑갑함을 느꼈을 것이다.

'아, 내 몸에서 무언가가 솟아 나오려 해! 아악! 견딜 수가 없어!' 아래로 뿌리를 내리고, 위로 싹을 틔웠을 것이다.

그는 계속 안에서 솟아 나오는 것으로 살아갔을 것이다. 빛을 향해, 물을 향해. 가지를 뻗고, 꽃을 피우고, 열매를 맺어 갔을 것이다.

모든 생명체는 '안에서 솟아 나오려는 것'으로 살아간다. 인간만이 밖의 불빛을 보며 살아가고 있다.

월요일 식당 바닥을 청소하며
불빛이 희망이라고 했던 사람의 말
믿지 않기로 했다 어젯밤
형광등에 몰려들던 날벌레들이
오늘 탁자에, 바닥에 누워 있지 않은가

                     - 길상호, 「희망에 부딪혀 죽다」에서

얼마나 많은 사람이 희망에 부딪혀 비명 황사 했을까!

그래서 불가에서는 깨달은 사람을 '일 없는 사람'이라고 한다.

그들은 안에서 솟아 나오는 것으로 살아간다. 자신도 모르게 숨
을 쉬고 밥을 먹고 말하고 행동을 하고 이윽고 죽는다.

태초의 인간으로 돌아가자

"야생의 사고라는 것은 야만인의 사고도 아니며 미개인이나 원시

인의 사고도 아니다. 효율을 높이기 위해 세련되었거나 길든 사고

와는 다른 길들지 않은 상태의 사고이다."

- 클로드 레비 스트로스, 『야생의 사고』에서

인터넷에서 우연히 읽은 글이다.

"원시인들은 여자아이가 월경했다고 헛간에 며칠 동안 가둔다

고 하네요."

그 글에는 원시인들에 대한 경멸이 가득 담겨 있었다. 언뜻 그 글을 읽으면 자신도 모르게 수긍하게 될 것이다.

그는 자신의 딸을 생각했을지도 모르겠다. '우리 공주님이 헛간에서 며칠 동안 혼자 있다면 얼마나 무서울까?'

우리 문명인은 '인권'에 대해 얼마나 민감한가? 우리는 인간을 우주의 중심에 둔다.

하지만 곰곰이 생각해 보자. 월경을 시작한 소녀를 헛간에 가두어 두는 원시인과 월경에 대해 간단하게 설명을 해 주고는 내버려 두는 문명인, 누가 더 인간다운가?

문명인은 '이성적 인간'을 상정하고 있다. '미성숙한 아이는 건전한 가정교육과 학교 교육만 잘 받으면, 그 아이는 성숙한 어른으로 성장해 갈 수 있다!'

그런데 이 전제가 맞을까? 인간은 이성적인 존재일까? 미성숙한 아이가 이성적인 교육을 받으면 자신의 마음을 잘 다스리며 성숙한 인간이 되어 갈까?

우리는 문명사회에서 일어나는 무수한 폭력들을 본다. 인간은 과연 이성적 존재인가?

현대 철학의 문을 연 철학자들은 인간을 이성적 존재로 보지 않는다. 프리드리히 니체와 지그문트 프로이트는 인간을 '힘에의 의지'와 '무의식'에 의해 해명하려 한다.

그러면 원시인들은 어떤 사고를 했을까? 프랑스의 저명한 인류학자 클로드 레비 스트로스는 원시인들은 '야생의 사고'를 했다고 말했다.

"야생의 사고라는 것은 미개인이나 원시인의 사고도 아니다. 효율을 높이기 위해 세련되었거나 길든 사고와는 다른 길들지 않은 상태의 사고이다."

원시인들은 야생의 사고에 의해 월경을 시작한 소녀를 헛간에 며칠 동안 가두어 두는 것이다.

그 소녀는 헛간에서 자신을 성찰하게 될 것이다. 월경이라는 화두를 잡고 용맹정진하게 될 것이다.

그녀는 서서히 깨달아 가게 될 것이다. '아, 나는 생명을 낳는 여자구나!' 그녀는 어머니로 사는 삶에 대해 깊이 있는 사유를 하게 될 것이다.

그녀는 헛간을 나올 때쯤에는 '한 여인'이 되어 있을 것이다. 헛간은 제2의 자궁이었다.

원시사회는 하나의 가족인 부족 사회였으니까, 어린 여자아이를 혼자 헛간에 가둬둔다고 해서 위험하지는 않았을 것이다.

얼마나 멋있는 야생의 사고인가! 이러한 성인식을 거치지 않고 아내가 되고 어머니가 되어야 하는 문명사회의 소녀들은 어떤가?

우리는 주변에서 어른답지 못하고 어머니답지 못한 다 큰 여성들을 무수히 보지 않는가?

문명인이 원시인보다 우월하다는 착각, 우리는 이 망상에서 하루빨리 벗어나야 한다.

우리는 야생의 사고를 배워야 한다. '원초적 인간'을 배워야 한다. 태초의 인간으로 되돌아가 현대를 살아가는 우리 자신을 되돌아봐야 한다.

풍전등화(風前燈火)의 인류, 해결책은 우리의 깊은 마음 안에 있을 것이다. 문명에 길든 사고, 효율성을 최우선시하는 사고로는 해결책을 찾기 힘들 것이다.

시인은 야생적이며 엄숙하고
소리와 혼잡으로 가득 차
황량한 해안으로 도망쳐
넓게 소리 울려 퍼지는

떡갈나무 숲으로 들어간다

- 알렉산드르 푸시킨, 「시인」에서

시인은 이 시대의 사제(司祭), 구원자, 예언자들이다.

그들은 태초의 소리를 듣고, 우리에게 그 소리를 들려주는 사람
들이다.

아이들은 삶 속에서 배운다

"우리는 무르고 약하게 태어나기 때문에 힘이 필요하고, 아무것도

없이 태어나기 때문에 도움이 필요하며, 어리석은 채로 태어나기

때문에 판단력이 필요하다. 우리는 태어날 때 갖지 못했지만, 어른

이 되었을 때 필요한 모든 것을 교육에서 얻는다."

— 장 자크 루소, 『에밀』에서

오늘 아침 인터넷 뉴스를 훑어보다가 '헉!' 가슴이 막혀 왔다.

악성 민원에 시달리다 스스로 목숨을 끊은 대전의 한 초등학교

교사, 그의 동료 교사가 다음과 같이 말했다고 한다.

"수업하고 있는데 4명 중 한 친구가 갑자기 수업시간에 일어나서 제 엉덩이에 통침을 했다. 손깍지를 끼고 손가락 두 개를 위로 올려서 엉덩이에다가 딱 찔렀다."

'아, 이게 현실인가!' 이런 일을 당한 교사가 학부모를 학교에 오라고 한다면, 부모들은 어떻게 반응할까?

혹여 부모들이 "뭘 아이들 장난 가지고 그러시냐?"라고 말하지 않을까? 나의 이 생각이 너무나 무섭다!

나는 가끔 '버릇없는 아이들'을 본다. 카페에서 마구 뛰어다니는 아이들, 하지만 아무도 제지하지 않는다.

이미 우리는 알고 있다. '그랬다가는 저 부모들이 가만히 있지 않아. 무슨 봉변을 당할지 몰라.'

왜 부모들은 아이들을 버릇없는 아이로 기르는 건가? 다들 왕자님, 공주님 대접을 받으며 자라는 것 같다.

그런데 아이들이 커서는 어떻게 살아가야 하나? 왕자님, 공주님으로 살아갈 수 있는 아이가 몇 명이나 될까?

나는 우리 아이들을 시골에서 자라게 했다. 나는 아이들을 기르는 데는 시골 마을이 가장 좋다고 생각했다.

마을에서는 아이들이 마음껏 뛰어놀 수 있다. 그러면서도 지켜야 할 도덕과 윤리를 배울 수 있다.

다른 아이들과 싸우며 함께 자라게 된다. 나는 아이들은 싸우면서 커야 한다고 생각한다.

프랑스의 철학자 루소는 교육의 중요성을 다음과 같이 말했다.

"우리는 태어날 때 갖지 못했지만, 어른이 되었을 때 필요한 모든 것을 교육에서 얻는다."

문제는 '아이들을 어떻게 교육할 것이냐?'일 것이다. 삭막한 도시에서 어떻게 아이들을 잘 가르칠 수 있을까?

그저께 ㅂ 독립서점에 갔다가 아이들을 데리고 온 ㅇ 초등학교 선생님을 만났다. 그분은 공부 모임에 오는 분이다.

아이들을 데리고 동네 한 바퀴를 돌고 계시는 선생님, 얼마나 멋진가! 아이들은 삶 속에서 배워야 한다.

요즘 가정은 대개 아이들이 한두 명이다. 홀로 자라게 되면 사회성을 배우게 될 기회가 줄어든다.

이런 아이들을 마냥 왕자님, 공주님으로 기르게 되면 어떻게 될까? 그들은 '말을 듣지 않는 백성들'에게 마구 칼을 휘두르게 될 것이다.

함께 나누며 자란 아이들은 관대함을 배우고

정직함 속에 자란 아이들은 진실된 삶을 배우고

공정한 대우를 받으며 자란 아이들은 정의를 배우고

친절함 속에 자란 아이들은 남을 존중하는 법을 배우고

평안함 속에 자란 아이들은 사람에 대한 믿음을 배우고

다정함 속에 자란 아이들은 세상이 살기 좋은 곳임을 배

운다

- 도로시 로 놀테, 「아이들은 생활에서 배운다」에서

아, 우리 아이들은 지금 어떤 환경 속에서 자라고 있는가?

나는 나의 몸이다

"걷는 것은 자신을 세계로 열어 놓는 것이다. 발로, 다리로, 몸으로 걸으면서 인간은 자신의 실존에 대한 행복한 감정을 되찾는다. (…) 걷는다는 것은 잠시 동안 혹은 오랫동안 자신의 몸으로 사는 것이다."

- 다비드 르 브르통, 『걷기 예찬』에서

독일의 철학자 임마누엘 칸트는 죽기 직전 하인이 건넨 포도주 한잔을 마시고는 말했단다.

"좋다!"

나는 대학 시절에 이 말을 듣고는 책을 살 때마다 뒤표지의 앞쪽에 '좋다'의 독일어 'Es ist gut'을 정성스레 써 놓았다.

나는 생각했다.

'역시 위대한 철학자라 한 생(生)을 마치면서 자신의 삶이 좋다고 했구나!'

하지만 오랜 시간이 지난 어느 날, 나는 그 말을 잘못 해석했다는 것을 깨닫게 되었다.

칸트가 포도주 한 잔 마시고 '좋다'라고 한 것은 그 순간이 좋았다는 것이었다. '지금, 이 순간이 참으로 좋구나!'

내가 이렇게 생각하게 된 것은, '인간은 몸으로 살아야 한다.'라는 것을 깨닫게 되면서부터이다.

칸트는 항상 오후 세 시 반에 산책했다고 한다. 그는 다음과 같이 말했다.

"걸으면 앉아 있을 때 보다 더 좋은 생각이 떠오른다. 그것은 나 자신과 대화하는 시간이고, 책으로도 얻지 못하는 무언가를 가득 채워 주며 버릴 것은 버리게 해 준다."

걸으며 떠오르는 생각들은 '몸의 사유'이다. 프랑스 사회학자 다비드 르 브르통은 '걷기예찬'을 한다.

"걷는 것은 자신을 세계로 열어 놓는 것이다. 발로, 다리로, 몸으로 걸으면서 인간은 자신의 실존에 대한 행복한 감정을 되찾는다. (…) 걷는다는 것은 잠시 동안 혹은 오랫동안 자신의 몸으로 사는 것이다."

걷기는 몸으로 사는 것이다. 몸으로 사는 사람은 '자신을 세계로 열어 놓는 것이다.' 오롯이 '현재'를 누리게 된다. 찰나가 영원이 된다.

나는 머리로 철학을 이해하려 했기에, 칸트가 말한 'Es ist gut'을 이해할 수 없었다.

나는 몸으로 공부하는 연습을 꾸준히 했다. 몸으로 알고 몸으로 살아간다는 것이 무엇인가를 어렴풋이 알게 되었다.

칸트는 매일 정확한 시간에 산책하며, 찰나에 머물 수 있게 된 것이다. '눈부시게 아름다운 순간'을 누릴 수 있게 된 것이다.

그의 마음은 죽음을 앞두고서도, 포도주 한 잔 마시고서 한결같을 수 있었다. 'Es ist gut!'

이다음에 나는 고양이로 태어나리라.
윤기 잘잘 흐르는 까망 얼룩 고양이로
태어나리라.
사뿐사뿐 뛸 때면 커다란 까치 같고
공처럼 둥 굴릴 줄도 아는
작은 고양이로 태어나리라.

나는 툇마루에서 졸지 않으리라.

사기그릇의 우유도 핥지 않으리라.

가시덤불 속을 누벼 누벼

너른 벌판으로 나가리라.

거기서 들쥐와 뛰어놀리라.

배가 고프면 살금살금

참새떼를 덮치리라.

- 황인숙, 「나는 고양이로 태어나리라」에서

시인은 '자명한 산책'을 하며 생각했을 것이다.

'이다음에 나는 고양이로 태어나리라'

우리 안의 고양이, 길들지 않은 마음, 영혼. 그 영혼은 우리가 몸으로 살아갈 때 반짝 눈을 뜨며 깨어날 것이다.

6장

죽음은 삶이다

사람이 두려워해야 할 것은

죽음이 아니다.

한 번도 진짜 살아본 적이 없음을

두려워해야 한다.

- 마르쿠스 아우렐리우스

신이 죽은 시대, 어떻게 살 것인가?

"'왜 그러니, 존? 왜 그래? 여느 새들처럼 사는 게 왜 그리 어려운 게냐, 존?' (…) '엄마, 저는 공중에서 무얼 할 수 있고, 무얼 할 수 없는지 알고 싶을 뿐이에요, 그게 다예요. 그냥 알고 싶어요.'"

- 리처드 바크, 『갈매기의 꿈』에서

우리는 신이 죽은 시대를 살아가고 있다. 신은 우리의 북극성이었다. 삶의 지도였다.

신이 죽은 시대, 우리는 길을 잃었다. 어떻게 살아가야 할 것인가? 많은 사람이 다시 신을 찾아가고 있다.

온갖 사이비 종교가 난무하고, 돈이 신이 되고, 강자들이 신이
되고 있다. 신이 죽어 스스로 주인이 될 수 있는데, 많은 사람이
주인의 삶을 버거워하고 있다.

종은 얼마나 편한가? 주인이 시키는 대로만 하면, 최소한의 삶
이 보장된다. 우리는 아우성친다.

"왜 좋은 주인이 없는 거야?"

인류의 오랜 꿈인 민주주의 사회에서는 모든 민(民)이 주(主)가
되어야 하는데, 종(從)이 주를 선택하는 제도가 되어 버렸다.

이창동 감독의 영화 〈시(詩)〉를 보며, 신이 죽은 시대를 살아가
는 법을 생각했다. 바로 시가 되는 것!

주인공 미자는 가슴에 시심(詩心)을 간직하고 있는 60대 여성이

다. 그녀는 동네 문화센터에서 김용택 시인으로부터 시를 배우게 된다.

시인은 한 손에 사과를 쥐고 말했다.

"여러분은 사과를 몇 번이나 보셨습니까? 아직 한 번도 본 적이 없습니다… 시를 쓴다는 건, 아름다움을 찾는 것입니다."

'사과를 한 번도 본 적이 없었다니?' 수강생들은 의아해 한다. 그 후 미자는 사과를 보듯이 세상을 보게 된다.

그녀는 들마루에 앉아 눈부시게 빛나는 나뭇잎들을 보게 된다. 하지만 시상(詩想)은 떠오르지 않는다.

그녀는 시인에게 묻는다.

"시상은 어떻게 찾아야 합니까?"

시인이 대답해 준다.

"시상은 그냥 오는 게 아니라 찾아가야 합니다. 절실하게 찾아야 합니다."

그녀는 강가를 거닐고, 비를 맞으며, 아름다움을 찾아 헤맨다. 하지만, 시상은 떠오르지 않는다.

그녀는 그녀와 함께 사는 중학생 외손자가 친구들과 함께 같은 학교 여학생을 성폭행하여 그 여학생이 강에 투신자살했다는 사실을 알게 된다.

그녀는 자살한 여학생의 어머니를 찾아가게 된다. 들에서 일하고 있는 여학생의 어머니를 찾아가다 땅에 떨어진 살구들을 발견한다.

그녀는 여기저기 떨어져 있는 살구들을 보며, 시상이 떠오른다.

"살구는 자신을 땅에 던진다. 다음 생을 위해……."

'아름다움'에 취한 그녀는 여학생의 어머니를 만나게 되지만, '자기 생각'에 빠져 살구 예찬을 한다.

돌아오다 그녀는 깨닫게 된다. '아차…….' 하지만 늦었다. 그녀는 집으로 돌아오며, '참혹한 삶의 실상'을 마주하게 된다.

진정한 아름다움은 참혹한 삶에서 솟아나는 것이다! 그녀는 여학생이 자살한 강의 다리에 올라가 흘러가는 강물을 내려다본다.

우리 안에는 어린 갈매기의 꿈이 있다.

"저는 공중에서 무얼 할 수 있고, 무얼 할 수 없는지 알고 싶을 뿐이에요, 그게 다예요. 그냥 알고 싶어요."

미자의 내면의 아이가 창공으로 날아올랐다. 그녀는 시 강좌의 마지막 시간에 꽃다발과 시 한 편을 교탁에 올려놓았다.

나는 당신을 축복합니다

검은 강물을 건너기 전에 내 영혼의 마지막 숨을 다해

나는 꿈꾸기 시작합니다

어느 햇빛 맑은 아침 다시 깨어나 부신 눈으로

머리맡에 선 당신을 만날 수 있기를

- 이창동, 「아네스의 노래」에서

미자는 죽은 여학생, 아네스가 되었다.

시는 우리 모두를 하나로 만나게 한다.

아름다움이다.

노인은 다시 아이가 된다

"사람은 늙을수록 점점 더 어린아이에 가까워집니다. 그래서 삶의
고단함을 느끼지 않고 죽음을 의식하지 않으면서 이 세상을 떠날
수 있습니다."

- 데시데리우스 에라스무스, 『우신예찬』에서

기타 강사인 공부 모임의 한 회원이 말했다.

"노인 하면 인품이 있고 뭐 그런 이미지 아니에요? 그런데 전혀
아니에요. 다들 애예요."

머리카락 허연 노인들이 조그만 것 가지고 아웅다웅 싸운단다.
사회적 지위가 있는 분들도 똑같단다.

분석심리학자 칼 융은 인간의 집단 무의식에는 '노현자원형(老
賢者原型 · wise old man archetype)'이 있다고 했다.

인간의 내면 깊은 곳에는 옛 그림에 나오는 산신령 같은 '지혜로
운 노인'이 있다는 것이다.

실제로 과거에는 노인들이 지혜의 상징이었다. 거의 변하지 않
는 농경사회에서는 오래 산 노인들이 당연히 지혜로웠을 것이다.

하지만 현대 사회처럼 빠르게 변화하는 사회에서는 노인들이
지혜의 상징이 되기가 힘들다.

우리가 가진 노인에 대한 이미지는 융이 말하는 '원형(原型)'인
것이다. 물론 현실의 노인에게서도 그런 이미지를 발견할 수 있을
것이다.

하지만 '내면의 노현자'를 온전히 일깨운 노인이 얼마나 되겠는 가? 많은 노인에게서는 '유치한 아이'가 쉽게 발견될 것이다.

현대 사회에서는 노인을 약자로 본다. 버스를 타면 노약자석이 따로 있지 않은가? 지혜를 가진 존재보다는 사회에서 보호받아야 할 대상이다.

네덜란드 출신의 인문주의자 에라스무스는 말했다.

"사람은 늙을수록 점점 더 어린아이에 가까워집니다."

이것은 자연의 섭리일 것이다. 죽음이 가까워질수록 몸이 약해 지고 마음도 약해져야 이승을 힘들지 않게 떠날 수 있을 테니까.

그래서 우리는 머리 중심이 아닌 몸 중심의 삶을 살아야 한다. 머리 중심으로 살아가면 어떻게 될까?

늙고 병들고 죽는 게 너무나 힘들 것이다. 그래서 많은 노인이

지나간 날을 되돌아본다.

순수한 아이가 되어 지금, 이 순간을 만끽하지 못한다. 고뇌에 가득 찬 인간, 이성 중심의 산업사회가 만들어 낸 서글픈 노인상이다.

이런 노인들은 술을 한잔 마시면 갑자기 철없는 어린아이가 된다. 얼굴을 붉히면서 훌쩍훌쩍 운다.

노인은 이런 '유치한 아이'가 되지 말아야 한다. '순수한 아이'가 되어야 한다. 순수한 아이가 되려면 평소에 부단히 감성을 일깨워야 한다.

풍부한 감성을 지녀야 마냥 즐거운 아이가 된다. 감성이 빈약하면, 감상적으로 된다. 혼자 즐겁게 놀지 못하고 어른에게 보채는 아이가 된다.

어느 문화학자는 '남자는 애 아니면 개'라는 말을 했다. 이때의 애는 감상적인 아이다.

감상적인 아이는 갑자기 개가 된다. 따라서 우리는 평소에 이성을 단련하기 보다는 감성을 일깨우는 데 큰 노력을 기울여야 한다.

어릴 적부터 풍부한 예술적 감수성을 길러야 한다. 미적 인간이 될 때, 우리는 멋진 노인이 될 수 있다.

감당하기 벅찬 날들은 이미 다 지나갔다
그 긴 겨울을 견뎌 낸 나뭇가지들은
봄빛이 닿는 곳마다 기다렸다는 듯 목을 분지르며 떨어진다

- 기형도, 「노인들」에서

겨울을 견뎌 낸 나뭇가지들은 새로이 싹터 오를 나뭇가지들을 위해 자신들의 목을 분지르며 땅으로 떨어진다.

얼마나 장엄한 풍경인가!
감당하기 벅찬 날들을 잘 견뎌 낸 나뭇가지들이기에 그렇게 할 수 있을 것이다.

죽어도 좋아

"사랑은 순간에 일어난 우연에서 시작되어, 당신이 영원을 제안하게끔 만드는 보기 드문 경험 가운데 하나인 것입니다."

- 알랭 바디우, 『사랑예찬』에서

박진표 감독의 영화 〈죽어도 좋아〉는 죽음을 넘어서는 노년의 사랑을 다룬다. 실화를 바탕으로 만들었다고 한다.

외롭게 살아가던 박치규 할아버지는 어느 날 공원에 갔다가 우연히 이순례 할머니를 만나게 된다.

두 사람의 뜨거운 사랑, 그들은 조촐한 결혼식을 치르고 동거에 들어간다. 격렬한 사랑은 살아 있음의 환희다.

"이대로 생을 마감할 수 있다면… 이젠, 죽어도 좋아."

"사랑은 순간에 일어난 우연에서 시작되어, 당신이 영원을 제안하게끔 만드는 보기 드문 경험 가운데 하나인 것입니다."

남녀가 만나 뜨거운 사랑을 하게 되면, 두 사람은 자아(Ego)를 넘어서게 된다. 깊은 마음속의 자기(Self)가 깨어난다.

자아는 육체적 존재인 '유한한 나'이지만, 자기는 육체를 넘어서는 '영원한 나'다. 영원한 나를 체험한 사람은 "죽어도 좋아!" 하고 외치게 된다.

그렇다고 영원한 나가 육체와 다른 존재라는 것은 아니다. 우리가 사랑하지 않을 때는 육체적 존재에 갇히게 된다.

이 갇힌 마음이 자아다. 그러다 사랑을 하게 되면, 우리의 자아
는 연기처럼 사라지고 육체를 넘어서는 자기, 영원한 나를 체험하
게 되는 것이다.

사랑하게 되면, 우리의 몸 자체가 영원한 나가 되는 것이다. 이러
한 남녀의 사랑은 다른 존재에 대한 이타적인 사랑으로 승화한다.

인간은 생로병사의 고통을 겪는다고 한다. 하지만 이것은 겉보
기에 그럴 뿐이다. '죽어도 좋아'를 경험한 남녀에게도 생로병사가
있을까?

생로병사를 인간의 보편적인 고통이라고 규정해버리면, 이 고
통을 없애기 위해 우리는 진시황처럼 불로초를 찾아 헤매게 된다.

우리 사회에 범람하는 온갖 건강식품들은 불로초의 21세기형
변형물들일 것이다. 과연 그런 것들이 정말 우리의 건강을 지켜
줄까?

인간의 건강한 삶에 필수적인 것은 사랑일 것이다. 오래전에 '이별 없는 세대'라는 말을 들은 적이 있다.

현대인은 사랑이 없기에 이별도 없다는 것이다. 사랑을 잃어버린 현대인에게 과연 건강은 어떤 의미일까?

진시황처럼 혼자 장수 불사하겠다고 수많은 사람을 고통의 수렁 속에 빠뜨리고서도 건강한 삶이 가능할까?

인간사의 모든 고통의 원인은 '사랑의 부재'일 것이다. 영생불사의 꿈을 꾸는 우리가 시급히 해야 할 일은 사랑의 회복일 것이다.

봄, 놀라서 뒷걸음질 치다
맨발로 푸른 뱀의 머리를 밟다

- 진은영, 「일곱 개의 단어로 된 사전」에서

요즘 청춘남녀들을 보며 생각한다. '그들은 맨발로 푸른 뱀의 머리를 밟아 본 적이 있을까?

독기 없는 피로 한 세상을 살아간다는 것은 최고의 형벌일 것
이다.

우리는 죽으면 어떻게 될까?

"태어남도 없고 죽음도 없다. 불생불멸(不生不滅)."

- 『반야심경(般若心經)』에서

일본의 작가 호사카 가즈시의 그림책 『춤추는 고양이 차짱』을
읽는다.

'나는 고양이 차짱.'

'나는 죽었습니다.'

그런데 회오리치는 들판에 고양이 한 마리가 있다. 다른 사물들, 꽃봉오리, 꽃잎들, 나무들, 나뭇잎들, 구름들과 잘 구별되지 않는다.

'아니 춤추고 있습니다.'

그렇다. 지금 고양이는 춤을 추고 있다. 바람에 흩날리는 나뭇잎들과 함께.

고양이는 혼잣말한다. "'죽었다'와 '춤추다'는 다른 건가?"

'살아 있을 때는 달리고 놀고 또 달렸습니다.'

"밥?" "그게 뭐더라?" 고양이는 이제 밥을 먹지 않아도 배가 고프지 않다. 육신만이 뭘 먹어야 하니까.

"'춤추다'와 '놀다'의 차이요?" "그런 건 없을 텐데……."

"'죽다'와 '살다'는 다르다고요? 모르겠어요." "죽어 있든 살아 있든 나는 나니까."

'죽어 있든 살아 있든' 나는 나인가? 맞다! 나는 명상을 하며 '불생불멸'이 천지자연의 이치라는 것을 느낀다.

깊은 명상 상태에서는 나는 그냥 나다. 어떤 이름으로도 불릴 수 없는 존재, 그게 나다.

그렇게 나는 존재한다. 영원히.

고양이는 춤추며 말했다.

"슬프냐고요? 아니요. 언젠가 엄마 아빠도 여기로 올 거잖아요."

죽으면 다 함께 만나는 세상, 천국으로 상징되는 '영원의 세계'다. 그런데 우리는 이미 죽은 자들과 함께 살아가고 있다.

춤을 추며. 우리의 몸은 언제나 춤을 춘다. 숨을 쉬고, 팔다리를 움직이고, 피가 돌고, 세포가 죽고 태어나고……

'새는 노래합니다!', '물고기는 헤엄치며 팔딱거려요!', '고래는 헤엄치며 노래합니다!', '지렁이도 춤을 추지요!'

'춤을 추다 보면 새는 금세 날아올라요.', '아, 이것 봐요!', '나도 날고 있어요!'

현대 양자물리학에서는 '천지자연은 하나의 거대한 춤'이라고 한다. 에너지의 영원한 율동.

그런데 우리는 태어남과 죽음이 실제로 존재한다고 착각한다. 물질주의 세상에서 살아가는 우리가 '나'라는 언어에 집착한 결과다.

'나'라는 언어가 자의식(自意識)을 만들어내고, 우리는 자신이 실재한다는 착각에 빠지게 된다.

이 한 가지 생각을 멈추면 우리는 '영원히 춤추는 존재'가 된다.
'생각하는 인간'으로 진화한 인간은 다시 진화해야 한다.

'생각'을 넘어, 삶과 죽음 전체를 통찰할 수 있는 존재로. 지금은
소수의 인간, 성현(聖賢)들만이 이런 진화를 한 것 같다.

불면은 꿈꾸지 않기를 꿈꾸는

또 다른 꿈임을,

우리네 육신이 저어하는 죽음은

꿈이라 칭하는 매일 밤의 죽음임을 체득하는 것.

- 호르헤 루이스 보르헤스, 「시학」에서

시인은 노래한다.

"우리는 꿈속에서 살아가고 있다."

그렇다. 우리는 '생각' 속에서 살아가고 있다. 생각이 이 세상을

창조한다.

그러다 생각을 거두면, 나와 다른 사람들과 사물들이 다 사라진다. 이 세상 전체가 꿈이다.

우리는 꿈을 깬다. '생생한 삶' 우리는 영원한 삶 속에 있게 된다.

몸은 죽음을 두려워하지 않는다

"지복(至福)은 덕(德)의 보수가 아니라 덕 자체이다. 그리고 우리는 쾌락을 억제하기 때문에 지복을 누리는 것이 아니라, 반대로 지복을 누리기 때문에 쾌락을 억제할 수 있다."

- 바뤼흐 스피노자, 『에티카』에서

나이가 들어가며 죽음에 대해 많은 생각을 하게 된다. 그러다 최근에 얻게 된 작은 깨달음.

"몸으로 살아가면 된다!"

나의 몸은 죽음을 두려워하지 않는다는 것을 경험에 의해 안다. 몸이 건강할 때는 당연히 죽음을 회피한다.

몸의 생명 에너지가 강하기 때문이다. 하지만 늙어 힘이 빠지게 되면, 몸은 알아서 죽음을 서서히 받아들이게 된다.

그래서 요즘 나의 삶의 신조는 '몸으로 살자!'다. 인간에게 가장 큰 문제는 죽음의 문제일 것이다.

다른 동물들은 죽음을 모르기에, 살아 있는 동안 신나게 산다. 하지만 인간은 죽음을 예상하기에 사는 게 신이 나지 않는다.

모든 인간은 사형수이기 때문이다. 죽을 날을 받아 놓은 사람이 어찌 행복할 수 있겠는가?

우리는 사형수에서 벗어나야 한다. 그래야 우리의 삶이 '살아 있음' 그 자체가 될 수 있다.

아이들은 마냥 행복하다. 그들에게는 죽음이 없기 때문이다. 그래서 그들은 늘 살아있음의 환희다.

BBC 방송 기자가 심층 심리학자 칼 융에게 물었다고 한다.

"당신은 신을 믿으십니까?"

그러자 융은 천천히 대답했다고 한다.

"저는 신을 믿지 않습니다. 저는 신을 압니다."

그렇다. 신은 믿어야 하는 어떤 존재가 아니다. 알아야 한다. 몸으로 직접 신을 만나봐야 한다.

그럼 어떻게 하면, 몸으로 신을 만날 수 있을까? 아이들처럼 '생(生)의 의지'를 다해 살아야 할 것이다.

안에서 솟아 올라오는 생명의 에너지가 샘물처럼 분출하는 삶을 살아가다 보면, 어느 날 신을 체험하게 될 것이다.

그럴 때 우리는 신을 자명(自明)하게 알게 될 것이다. 네덜란드의 철학자 스피노자는 다음과 같이 말했다.

"지복(至福)은 덕(德)의 보수가 아니라 덕 자체이다. 쾌락을 억제하기 때문에 지복을 누리는 것이 아니라, 반대로 지복을 누리기 때문에 쾌락을 억제할 수 있다."

인간의 삶의 목적은 행복이라고 한다. 그럼 인간의 지극한 행복, 지복(至福)은 언제 올까?

스피노자는 지복은 '덕 자체'라고 말했다. 덕은 도에 맞는 삶을 말한다. 천지자연의 이치(道)에 맞는 삶이 덕이다.

인간이 천지자연의 이치에 맞게 살아갈 때, 자연스레 지극한 행복이 온다는 것이다.

천지자연의 이치에 맞는 삶이 무엇이겠는가? 바로 몸으로 살아가는 것이다. 머리는 자기 생각에 빠지기 쉽다.

머리로 하는 생각들은 자기중심적이고 이기적이기 쉽다. 머리의 생각들을 비워야 한다.

생각을 비운 몸은 천지자연 그 자체다. 자연스레 도에 맞는 삶, 덕이 있는 삶을 살아가게 된다.

머리의 생각을 중심으로 살아가게 되면, 죽음을 앞둔 사형수가 되어 고된 삶을 견디기 위해 쾌락을 찾아갈 수밖에 없다.

그렇게 되면, 쾌락에 중독된 삶을 살아가거나, 아예 쾌락을 멀리하는 무욕(無慾)의 삶을 살아가게 된다.

이 양극단의 삶은 인간다운 삶이 아니다. 성(聖)과 속(俗)으로 나뉘는 삶은, 어떤 허상으로 도피하는 삶이다.

우리는 머리를 비우고 몸으로 살아가야 한다. 아이의 얼굴, 행복의 얼굴로 살아가야 한다.

마음의 문
활짝 열면
행복은
천 개의 얼굴로

아니 무한대로
오는 것을
날마다 새롭게 경험합니다.

　　　　　　　　　　　　　　　- 이해인, 「행복의 얼굴」에서

온몸으로 살아가게 되면, 머리에 갇혀 있던 마음이 스스로 문을 활짝 열게 될 것이다.

우리는 천 개의 행복의 얼굴이 되고, 무한대로 오는 것을 날마다 새롭게 경험하게 될 것이다.

닫는
글

—

아직은 어둑한 시간,

명상을 한다.

나는 텅 비어 있다.

나는 나다.

명상에서 깨어나 노트북을 켠다.

무한한 혼돈이 내 앞에 있다.

나의 다섯 손가락에서

한 세계가 태어난다.

나는 끝없이

신을 향해 가고 있다.

나는 아이처럼 글을 쓸 것이다.

글쓰기, 최고의 놀이다.

어느 날

꽃처럼, 툭! 땅으로 떨어질 것이다.

2024년 봄이 오는 길목에서

고석근